Al borde de la vida: El propósito de la adversidad

Introducción

Conoce la extraordinaria historia de Harry, un joven de 20 años nacido en la capital mundial de la salsa, la sucursal del cielo, la ciudad de Cali, Colombia. En apariencia, Harry llevaba una vida normal, como la mayoría de los jóvenes de su edad. Sin embargo, su existencia dio un vuelco inesperado que transformó su ser por completo.

En el año 2018, un acto trágico de violencia alteró drásticamente el curso de la vida de Harry. Presenciar la muerte de su amado padre, justo a su lado, dejó una profunda huella en su corazón. Además, el destino le reservó una prueba aún más desafiante: tras el suceso, Harry se encontró al borde de la muerte, luchando por su propia supervivencia en el hospital.

Durante aquellos momentos críticos, Harry experimentó algo fuera de lo común. Mientras su cuerpo se desvanecía y el mundo parecía ralentizarse a su alrededor, un ardor interno incesante lo envolvió, y la sensación de que la vida se extinguía lo invadió por completo. Estas experiencias cercanas a la muerte, lejos de sumirlo en el desaliento, se convirtieron en un catalizador para su transformación. Tiempo después, emergió como una persona completamente diferente, decidida a impactar positivamente a quienes lo rodeaban. Su deseo ferviente de ayudar y generar resultados positivos se convirtió en su motor de cambio.

Acompaña a Harry en este viaje extraordinario de autodescubrimiento, superación y resiliencia. Descubre cómo las experiencias espirituales que lo llevaron al borde de la muerte se convirtieron en el punto de inflexión que lo impulsó a convertirse en alguien capaz de marcar la diferencia en la vida de los demás.

Mi nombre es Harry, y esta es mi historia…

Enfrentando el cambio

El despertar en el hospital, luego de haber sido trasladado desde el primer lugar donde lograron estabilizarme, pero que no contaban con los equipos suficientes para mantenerme con vida, fue como ser arrancado bruscamente de un sueño profundo. Mi mente luchaba por comprender lo que había sucedido, deseando que todo fuera solo una pesadilla de la que pudiera despertar. Sin embargo, la cruda realidad se aferraba a mí con fuerza implacable. Asimilar lo que acababa de ocurrir tan solo hace unas horas no fue nada fácil y el tener en mi cabeza que mi padre, mi modelo a seguir en aquel entonces, no estaría más, nublaba mi camino de vida por completo.

Estando en una cama de un hospital, con máquinas a mi alrededor, con dolores que me hacían temblar, lleno de mangueras en mi cuerpo, sin poder moverme bien, me sentía limitado por la cantidad de elementos que ingresaban a mi cuerpo y cables que se entrelazaban a mi alrededor. Intentaba moverme, pero mi cuerpo apenas respondía, como si estuviera desconectado de mi propia voluntad, si, la capacidad que tenemos los humanos para decidir con libertad lo que se desea y lo que no.

Todo esto logró que desde el primer momento comenzara a apreciar hasta lo más mínimo de la vida, cosas tan simples como lo es poder girarnos estando acostados en la cama por el solo hecho de que llevamos mucho tiempo en la misma posición, levantarnos en un hogar, en una cama cómoda, tener la comida que nos gusta, tantas cosas por las que debemos agradecer y muchas veces lo que preferimos es quejarnos. El cambio comienza en ello, en agradecer y no en quejarse porque cuando cambiamos la queja por la GRATITUD, es aquí cuando cosas maravillosas comienzan a suceder en nuestra vida, y eso es lo que debemos manifestar cada día, que en nuestra vida abunda la gratitud. Del poder de manifestar hablaremos después, pero una manifestación acompañada de un verdadero deseo es sumamente poderosa.

La confusión y desorientación se apoderaron de mí durante esos primeros días en el hospital. Los efectos de la medicación y el trauma emocional me sumergieron en un estado de desconcierto. Los rostros de mis seres queridos se mezclaban con las sombras de los médicos y enfermeras que me rodeaban, y luchaba por encontrar un sentido en medio de aquella confusión abrumadora.

El hospital se convirtió en mi recordatorio constante de todo lo que había perdido y de lo que aún tenía por agradecer. A medida que los minutos se volvían horas y las horas se convertían en días, cada pequeño progreso en mi recuperación se convertía en una victoria significativa. Cada movimiento, por más mínimo que fuera, era un paso hacia adelante en mi lucha por recuperar mi salud y mi sentido de normalidad. Fue en ese proceso de reconstrucción de mi cuerpo y mi mente que aprendí una lección valiosa: el cambio comienza en la aceptación y gratitud. En lugar de enfocarme en lamentaciones y quejas, elegí dirigir mi energía hacia el agradecimiento por cada pequeño logro y por las bendiciones que aún me rodeaban. Descubrí que la gratitud era el combustible que me impulsaba a seguir adelante, a pesar de las dificultades y los momentos oscuros que atravesaba.

Cada progreso en el hospital fue una victoria en mi batalla personal por la recuperación. Cada paso hacia adelante, por más pequeño que fuera, resonaba con el eco de mi determinación. Pero había un hito en particular que se destacaba sobre los demás, un momento que se grabó en mi memoria como una prueba irrefutable de mi capacidad para superar los obstáculos más desalentadores.

Fue después de la cirugía en mi mano derecha, cuando los huesos fracturados de mi cubito y radio fueron cuidadosamente reconstruidos. El ortopedista había sido claro en sus advertencias: la recuperación sería un proceso largo y arduo. Me había preparado mentalmente para meses de rehabilitación y para enfrentar la posibilidad de que mi mano nunca pudiera moverse con facilidad nuevamente, pero esa misma noche, cuando el dolor en todo mi cuerpo parecía arrebatar mi energía y mi movilidad estaba limitada por los cables y tubos médicos que se entrelazaban a mi alrededor, me sumergí en un estado de concentración y determinación sin precedentes. Mi mente se volvió un torrente de voluntad y enfoque. ¿Qué pasaría si enfocara toda mi energía, todo mi deseo en un solo objetivo?

Mis dedos temblaban ligeramente mientras luchaba por controlar cada músculo, cada tendón de mi mano derecha. Era un esfuerzo sobrehumano, pero no estaba dispuesto a permitir que las expectativas negativas se convirtieran en mi destino. Me negaba a aceptar (porque algo dentro de mí, decía que esta vez lo que debía aceptar era diferente a lo que con mucho conocimiento me dijo un ortopedista que puso su mejor esfuerzo en mi proceso, pero que había algo más, algo sobrenatural que me hizo ir en contra de ello) la posibilidad de una movilidad limitada de por vida. Con cada aliento y cada pensamiento concentrado, canalizaba mi energía hacia el objetivo de mover mi mano. El dolor se volvió insignificante en comparación con mi determinación. Las lágrimas de esfuerzo y perseverancia se mezclaron con mi sudor, mientras luchaba contra las limitaciones impuestas por mi propio cuerpo.

Y entonces, sucedió. En medio de la oscuridad de la habitación del hospital, las luces del pasillo que apenas alcanzaban a entrar por la puerta y el sonido de las maquinas (que algunas veces aún rondan por mi cabeza) ese "piii, piii, piii..." una y otra vez, el destello de esperanza se materializó en un ligero temblor en mi dedo pulgar. Un hilo de movimiento se extendió desde mi mente hacia mi mano, rompiendo las barreras físicas y desafiando las expectativas impuestas.

Mis ojos se abrieron de par en par mientras contemplaba, asombrado, cómo mi dedo pulgar se movía en respuesta a mi voluntad. Era un movimiento tembloroso, apenas perceptible, pero en ese momento, fue una declaración de poder y determinación. Un triunfo sobre las limitaciones y una victoria sobre las predicciones sombrías.

La habitación del hospital se llenó de un silencio reverente, solo interrumpido por el latido de mi corazón y el susurro de mis propios pensamientos. Había logrado lo impensable en cuestión de horas, lo que me habían dicho que llevaría semanas o incluso meses. Mi dedo pulgar se convirtió en un símbolo tangible de mi capacidad para enfrentar el cambio y superar las adversidades.

Ese hito marcó un punto de inflexión en mi viaje de recuperación. Me recordó que no había límites insuperables, solo desafíos esperando ser conquistados. A partir de ese momento, cada pequeño avance se convirtió en una fuente renovada de esperanza y fortaleza.

También recuerdo el cambio drástico que tuve con mi peso; en cuestión de días mis brazos y piernas fueron colocándose cada vez más delgados y débiles.

A medida que los días se desvanecían uno tras otro en el hospital, me encontré sumergido en una realidad desconcertante. El impacto de mi situación comenzó a hacerse más evidente a medida que observaba cómo mi cuerpo se transformaba ante mis propios ojos. Mis piernas y brazos, una vez fuertes y llenos de vitalidad, se volvían más delgados y débiles con cada día que pasaba. Era como si una enfermedad estuviera robando mi fuerza, dejándome vulnerable y dependiente.

El asombro y la incredulidad me abrazaban mientras observaba cómo mis extremidades, que una vez habían sido capaces de sostenerme y moverme sin esfuerzo, se volvían frágiles y temblorosas. Las piernas que solían llevarme a aventuras y travesías ahora apenas podían soportar el peso de mi propio cuerpo. Los brazos que alguna vez me permitieron abrazar a mis seres queridos y enfrentar desafíos ahora parecían desprovistos de fuerza y energía.

Cada día, mi reflejo en el espejo era un recordatorio constante de la fragilidad de la vida y de la rapidez con la que todo podía cambiar. La imagen que me devolvía era un reflejo alterado de quien solía ser, un recordatorio tangible de la batalla que libraba dentro de mi cuerpo. Me enfrenté a la realidad de mi enfermedad y la transformación física que conllevaba con un nudo en la garganta y el corazón lleno de temor.

Sin embargo, no solo era el cambio físico lo que me llenaba de estrés y preocupación. El entorno del hospital en sí mismo era un recordatorio constante de mi fragilidad y de la incertidumbre que me rodeaba. Las máquinas zumbantes, las sondas y los tubos que se entrelazaban a mi alrededor creaban un laberinto de cables y equipos médicos que me recordaban mi dependencia de ellos para sobrevivir. Era como si estuviera atrapado en una red de conexiones que constantemente recordaban mi vulnerabilidad.

La sensación de estrés se aferraba a mí con tenacidad mientras me enfrentaba a la realidad abrumadora de mi condición. No solo estaba lidiando con los dolores y daños físicos, sino también con el peso emocional y mental de estar en un entorno médico desconocido donde cada 48 horas aproximadamente, fallecía alguien; estar en la Unidad de Cuidados Intensivos (UCI) no es para nada agradable. Las dudas e inseguridades se agolpaban en mi mente, alimentando mis temores y creando una tormenta de ansiedad que amenazaba con ahogarme.

Sin embargo, en medio de toda esta confusión y estrés, había un brillo de esperanza que se negaba a desvanecerse. A través de las sombras de la incertidumbre, vislumbré la fortaleza y la resiliencia que había dentro de mí. A medida que enfrentaba el cambio, descubrí una fuerza interna que no sabía que poseía. Me aferré a ella, extrayendo coraje y determinación de lo más profundo de mi ser.

Pero todo lo que he contado hasta ahora no se compara con lo que tuve que vivir desde el primer momento donde me di cuenta de que, si no llegaba rápido a algún centro médico, mi vida se acabaría en cuestión de minutos. Ese espacio de mi historia, donde por mis propios medios, moribundo, logré hacer lo impensable para llegar a un hospital, del cual hablaremos más adelante, realmente si me pone los pelos de punta. Una ayuda sobrenatural llegó a mí aquel 1 de diciembre...

A medida que aprendía a apreciar las pequeñas cosas de la vida, una nueva perspectiva comenzó a florecer en mi interior. Comprendí que las adversidades pueden ser oportunidades disfrazadas, desafíos que nos impulsan a crecer y a descubrir nuestro verdadero potencial. Las experiencias dolorosas que había atravesado se convirtieron en los cimientos de mi resiliencia y fortaleza.

Las secuelas físicas que experimenté a raíz del incidente fueron un cruel recordatorio de la fragilidad de la vida. Los daños en mi hígado, pulmón derecho, vena cava, radio, cúbito, yeyuno, bilis, tórax y colon se manifestaron como un dolor constante, una carga que debía soportar día tras día. Cada movimiento era un recordatorio de la lucha que había enfrentado y de las cicatrices que llevaba en mi cuerpo.

Sin embargo, el impacto de aquel trágico suceso no se limitó solo a lo físico. Mi perspectiva de la vida se transformó de manera irrevocable. Todo lo que había dado por sentado se volvió incierto, y mis prioridades se redefinieron por completo. Comprendí que cada día era un regalo y que no podía permitir que la adversidad me derrotara.

Enfrentar este cambio fue un desafío abrumador, pero también me dio una fuerza interior que desconocía. Aprendí a abrazar la incertidumbre y a encontrar el coraje para seguir adelante. Me di cuenta de que la vida no se trataba solo de sobrevivir, sino de encontrar un propósito y trascender las dificultades.

Y es que solo imagina lo difícil que fue pasar de casi todos los días hacer alguna actividad física, ya sea gimnasio, running o simplemente hacer unas cuantas flexiones al despertarme cada mañana con el propósito de mantener mi cuerpo ejercitado y tener una apariencia de cuerpo saludable, a tener que estar en una cama, con el abdomen empaquetado, verme rodeado de máquinas, medicamentos, una bolsita que salía de mi nariz que tenía algo que ver con el proceso de la bilis, una sonda gástrica, un filtro que salía del lado derecho del abdomen, un catéter venoso central, sonda vesical y un intenso dolor en mi garganta porque minutos antes de despertar de lo que popularmente se conoce como "el túnel", me habían retirado el intubado endotraqueal. Un cambio abrupto para alguien tan joven y al que nunca se le pasó por la cabeza que algún día tendría que vivir lo inimaginable.

Los retos de la vida no están hechos para paralizarte, sino para ayudarte a descubrir quien eres. No estás solo. Confía. En la vida, todos enfrentamos desafíos y obstáculos en diferentes momentos. Estos retos pueden surgir en diversas áreas, como el trabajo, las relaciones, la salud o los aspectos personales. A primera vista, los retos pueden parecer abrumadores y desalentadores, pero es importante cambiar nuestra perspectiva y verlos como oportunidades de crecimiento y autodescubrimiento.

Cada desafío que encontramos nos brinda la oportunidad de aprender más sobre nosotros mismos. En momentos de dificultad, nuestras fortalezas y debilidades salen a la luz, revelándonos aspectos de nuestra personalidad, nuestros valores y nuestras creencias. Los retos nos invitan a profundizar en nuestro interior y a descubrir quiénes somos realmente.

Enfrentar y superar los retos nos brinda la oportunidad de desarrollar habilidades y cualidades que quizás desconocíamos que poseíamos. A medida que nos enfrentamos a situaciones difíciles, descubrimos nuestra capacidad para ser resilientes, creativos, valientes y perseverantes. Los retos nos desafían a superar nuestros propios límites y a crecer como individuos.

Es importante recordar que los retos no están diseñados para paralizarnos, sino para impulsarnos hacia un mayor autodescubrimiento y desarrollo. Son oportunidades valiosas para aprender, evolucionar y alcanzar nuestro potencial más elevado. Al abrazar los retos de la vida, podemos transformarlos en catalizadores positivos que nos ayuden a descubrir quiénes somos realmente y a convertirnos en la mejor versión de nosotros mismos.

Ahora que ya conoces una gran parte de lo que tuve que enfrentar en la sala de uci de un hospital, vamos a devolvernos un poco al inicio de la historia, donde te contaré exactamente la parte trágica de donde se desprendió toda esta gran historia que estás conociendo y que uno de los mensajes que deseo que te lleves, es que tú, puedes lograr cualquier cosa que te propongas. Repite tres veces en voz alta para ti:

<u>YO SOY CAPAZ DE LOGRAR CUALQUIER COSA QUE ME PROPONGA</u>.

<u>YO SOY CAPAZ DE LOGRAR CUALQUIER COSA QUE ME PROPONGA</u>.

<u>YO SOY CAPAZ DE LOGRAR CUALQUIER COSA QUE ME PROPONGA</u>.

Así que ¡comencemos! Te recomiendo que te pongas en una posición muy cómoda y tengas a tu lado alguna bebida de tu gusto, porque de lo que te vas a enterar, solo lo saben hasta el momento que estuve escribiendo este libro, no más de 10 personas.

Viaje espiritual

El recuerdo de aquel fatídico día sigue grabado en mi mente como un torbellino de emociones y sucesos que cambiaron mi vida para siempre.

Estábamos en el carro de mi padre, él al volante, yo de copiloto y mi madre en la parte de atrás. El ambiente de diciembre y el primer día de ese mes tan familiar brillaba sobre nosotros, y una sensación de alegría y tranquilidad nos envolvía mientras disfrutábamos de un delicioso almuerzo en familia en nuestra casa con un delicioso pollo apanado de un restaurante que hasta el día de hoy sigo visitando y haciendo pedidos. Aún recuerdo a mi madre, mi padre y yo, sentados en el comedor, riéndonos y yo comiendo pollo con una increíble salsa verde que me encanta aún más cuando le pongo zumo de limón.

Después de saborear el pollo apanado favorito de los 3, decidimos que comprar unas almohadas ese sábado, sería una buena idea, ya que las necesitábamos, así que nos alistamos y salimos.

Nos dirigíamos hacia la calle quinta, cerca de un reconocido centro comercial en el sur de Cali. El tráfico nos obligó a detenernos en el semáforo de la carrera 52 diagonal a un puestico popular de pasabocas justo al lado de un poste, y fue allí, en medio de ese instante aparentemente insignificante, cuando ocurrió lo impensable.

A las 2:40 pm, recuerdo que mi madre comentó en voz alta: "ese muchacho de la moto, ¿por qué se puso tan cerca del carro?". Intrigado, giré mi cabeza hacia el lado derecho para observar por la ventana el por qué alguien en una moto se acercó tanto a nuestro carro. En ese mismo instante, el tiempo pareció detenerse mientras mi mente intentaba comprender lo que estaba sucediendo. Un sujeto vestido con jean, una chaqueta y casco negros había aparecido junto al carro.

En un abrir y cerrar de ojos, se desató el caos y la violencia. Sin previo aviso, el desconocido sacó un arma y comenzó a disparar en repetidas ocasiones, sin importarle las consecuencias de sus acciones. Los sonidos ensordecedores de los disparos resonaron en el aire, mezclándose con los gritos de terror y desesperación. Y es que solo recordar aquel instante donde no fueron más de 5 segundos, me da escalofríos.

El mundo se volvió una pesadilla distorsionada. Y lo peor es que en aquel lugar el semáforo estaba en luz roja, y frente a nosotros justo en el carril derecho donde estábamos, había 3 carros más lo cual no permitió escapar del peligro inminente.

El miedo y la adrenalina se apoderaron de mí mientras lo que mi cabeza me dijo en ese instante fue "protege a tus padres" y fue eso lo que intenté hacer, me giré hacia el lado izquierdo con la intención de abrazar a mi padre con la mano derecha y con la mano izquierda alcancé a bajar el tronco de mi madre; wow, sé que parece una película, pero fue tal cual lo estoy narrando.

Mientras me giraba sintiendo el viento cortante de las balas pasar cerca de mi cuerpo, tres pringones lograron paralizarme por un instante. En el costado derecho de mi tórax, dos impactos y en mi mano derecha justo donde estaba mi reloj, un impacto más. Mi padre giró su cabeza para mirarme a los ojos e inmediatamente observó mi camiseta gris claro y deportiva con una mancha roja que se hacía cada segundo más grande.

Aquella mirada nunca la olvidaré. Sus pupilas se colocaron como dos aceitunas y lo único que dijo fue "Papi, nos dieron". Justo después de esa frase recostó su cabeza al asiento y en ese instante, tuve el pensamiento de "mi padre no sobrevivirá".

Cuando los disparos cesaron y el silencio invadió el ambiente, el caos se convirtió en una escena desoladora. Mi padre, víctima de la violencia sin sentido, yacía inmóvil en su asiento, su vida arrebatada de forma abrupta. Yo, gravemente herido, sentía el dolor agudo y punzante en mi cuerpo, comencé a sentir un ardor en mi abdomen, se sentía como tener cien fósforos encendidos al mismo tiempo quemándome sin parar.

El trauma y la pérdida se entrelazaron en mi ser, amenazando con aplastarme bajo su peso abrumador. Pero incluso en medio de la oscuridad más profunda, algo dentro de mí se negaba a rendirse. Un fuego ardiente se encendió en mi espíritu, impulsándome a enfrentar el dolor y la tragedia con valentía y determinación.

Fue en ese punto de inflexión que mi viaje espiritual comenzó. Me adentré en un reino interior de sanación y transformación, buscando respuestas y fuerza en los lugares más profundos de mi ser.

Yo, aún sin comprender lo que acababa de ocurrir, pregunté a mi madre si estaba bien y afortunadamente no tenía ni un solo rasguño. Lo que hice después, o bueno, intenté hacer, es abrir la puerta derecha del vehículo para bajarme y buscar ayuda, pero cuando mis pies tocaron la carretera, inmediatamente se sintió como si una tractomula cayera sobre mi ser, aplastándome por completo y tumbándome en el sardinel derecho de la carrera 52.

Cada minuto que pasaba, me costaba más y más respirar, la sangre en mi camiseta y también goteando desde mi mano me asustaron mucho y lentamente tumbado en ese sardinel, mi cuerpo fue entrando en un estado donde el dolor se comenzó a ir y todo a mi alrededor estaba en cámara lenta, todo estaba en modo slow motion hasta que repentinamente sentí un corrientazo de energía luego de escuchar un eco con la voz de mi madre que me hizo levantarme y decirle a ella que se encargara de mi padre (teniendo en mi mente muy claro que él no resistiría). "Ma, encárguese de mi papá" fueron mis palabras.

Al decirle eso, lo que hice fue coger mi dedo corazón de la mano izquierda e introducirlo en una de las heridas de mi costado derecho con el fin de frenar un poco la pérdida de sangre. Una voz en mi interior me dijo que, si me quedaba en ese lugar esperando ayuda, no lo lograría.

Por eso decidí caminar unos cuarenta metros hasta alcanzar la calle quinta. Pero una vez más sentí que las fuerzas se me iban y el desespero llegaba nuevamente porque ningún carro se detenía para ayudarme, y claro, es que no todo mundo está dispuesto a hacerlo. Imagina que un día cualquiera vas en tu automóvil muy tranquilamente y de repente aparece un joven moribundo con manchas de sangre pidiendo ayuda; ¿Te detendrías para auxiliarlo? Difícil decisión, ¿cierto?

Fue entonces cuando apareció un amable taxista que al observarme lo único que me dijo fue "mijo montese" y así fue, abrí la puerta derecha trasera y me senté atrás de la silla del piloto y la pesadilla comenzó…

La lucha conmigo mismo por no dormirme debido a que las ganas de cerrar los ojos se apoderaron de todo mi ser, saboreando esa paz que sentía cada que mis ojos se cerraban, pero al mismo tiempo mi voz en mi cabeza me gritaba "Quihubo Harry, debes vivir".

Lo más difícil que he tenido que enfrentar en mi vida hasta el momento, incluso más difícil que aceptar la muerte de mi padre, ha sido esa batalla conmigo mismo en ese taxi.

Recuerdo mi mano derecha apoyada con presión hacia el asiento del conductor para intentar perder menor cantidad de sangre. Mi respiración llegó a un punto donde solo podía respirar por la boca y costaba demasiado, incluso, sonidos muy extraños salían de mí, como cuando alguien ronca, así mismo se escuchaba.

Por momentos escuchaba al señor taxista, del cual nunca más volví a saber, incluso aunque intenté buscarlo, diciéndome "Tranquilo mijo, ya vamos a llegar" y en mi cabeza pensaba que llegaríamos a una clínica muy cerca al lugar de los hechos, considerada una de las mejores de la ciudad de Cali. Pues no fue así. El taxista hizo un giro, que se puede decir, fue brusco y yo no comprendía lo que estaba pasando, hasta que en medio de mi lucha interna logré levantar la cabeza y me di cuenta de que cada vez estábamos más lejos de la clínica que yo pensaba, sería el destino donde me brindarían atención médica.

Estaba aún más confundido, pero desde que me paré de aquel sardinel, algo tenía muy claro: De una u otra manera yo lograría sobrevivir. No dudé ni un segundo de ello. Siempre tuve fe, y es que la fe, hablando fuera de contextos religiosos; dijo Jesús: "La fe es la convicción de lo que no se ve. La certeza de lo que se espera".

Es por ello, por lo que invito a los lectores de este libro a reflexionar sobre sus creencias limitantes, superar los miedos y obstáculos que pueden estar impidiendo su crecimiento personal, y tomar el control de su vida para vivir más plenamente.

¡Aprovechemos el poder del ahora!

Ya sabes, dicen por ahí que *ATRAES LO QUE PIENSAS*. Así que ¿Qué estás atrayendo justo ahora a tu vida? Sea cual sea el problema que estés atravesando ahora, te aseguro dos cosas: El mundo no se detendrá por ello y segundo, peores cosas pasan. Esta última frase la menciona alguien a quien admiro y agradezco mucho y es que realmente tiene mucho sentido.

Yo, sentado en esa silla trasera, casi que agonizando y aferrado a mi fe y a esa voz interior, escucho que el taxista me dice "llegamos mijo" y lo único que hice fue en medio de mi dolor y casi sin poder hablar, decirle que esperara (con el ánimo de que cuando llegara mi familia, conocieran a la persona que fue mi boleto al hospital. Un regalo divino).

Al abrir la puerta con mi mano derecha llena con sangre, nuevamente algo sobrenatural entró en mi cuerpo y sentí la suficiente energía para poder caminar aproximadamente veinticinco metros donde estaba la puerta de urgencias de un hospital ubicado en un barrio al sur de Cali llamado "Los Chorros".

Comencé a caminar apresuradamente y como por obra divina, había una camilla de metal ubicada justo a la entrada y no dudé ni un minuto en tumbarme en ella. Pero sabía que faltaba algo, y con mi mano herida, saqueé mi celular del bolsillo porque la misma voz en mi cabeza me aseguraba que alguien me llamaría…

5 segundos después de sacar mi celular, entra una llamada de un familiar. En este caso un primo.

Cuando contesté, lo único que dije fue "Primo, estoy aquí en Los Chorros" (así se conoce popularmente el centro médico), colgué y todo mi cuerpo se desplomó en la camilla, mi abdomen estaba muy inflado por la sangre debido a las heridas internas, y de esa camilla caía sangre al piso como cuando le haces un pequeño agujero a una botella de agua y comienza a salir poco a poco sin parar. Pues así veía yo mi sangre caer al piso, gota tras gota.

Las personas comenzaron a acercarse a verme y el respirar estaba más complicado, hasta que 2 enfermeras me ingresaron a un cuarto pequeño donde había 2 personas más e inmediatamente comenzaron a revisar mis signos vitales.

En ese mismo hospital al que llegué por cosas de Dios, trabajaban dos familiares, dos primas vinculadas al sector de la salud. Y una de ellas llegó junto con otros dos familiares a ese pequeño cuarto, donde pudo atenderme con mayor agilidad, teniendo acceso a medicamentos y demás implementos médicos, mientras mi otra prima ayudaba a localizar un médico para cirugía inmediata.

En un abrir y cerrar de ojos ya tenía gasas por todo mi cuerpo, una sonda vesicular y me habían cambiado 2 veces de camilla debido a la cantidad de sangre que estaba perdiendo.

Minutos después llegó el médico que estaría a cargo de mi cirugía y solo escuché "debemos ingresarlo cuanto antes". Hasta ese momento estuve consiente. Y comenzó la segunda parte del viaje espiritual.

Antes de continuar debo dejarte algo claro y es que mi intención no es que creas las cosas que vas a leer a continuación. Te comprendo porque muchas de ellas, antes de lo sucedido, tampoco las hubiese creído si alguien me las dice. Y tal vez lo que acabo de mencionar fue uno de los "por qué" no compartí antes mis experiencias.

Mientras me encontraba en la sala de operaciones, siendo sometido a una cirugía de emergencia después del atentado en el que fui impactado por tres proyectiles, experimenté algo extraordinario. Aunque estaba bajo los efectos de la anestesia, una sensación única me envolvía, transportándome a un lugar que parecía un cuarto oscuro pero lleno de energías sutiles.

A pesar de la oscuridad que me rodeaba, pude sentir la presencia de otras personas a mi alrededor. No eran solo los médicos y enfermeras que trabajaban diligentemente para salvar mi vida, sino también entidades espirituales que parecían acompañarme en este viaje, al igual que sentía la energía de mi familia y su preocupación al saber que mi padre había fallecido y yo, su hijo, estaba entre la vida y la muerte con probabilidades de supervivencia de 80-20 en mi contra.

Las energías que me rodeaban por momentos eran reconfortantes y llenas de amor, transmitiendo una sensación de apoyo y protección.

A medida que mi conciencia se expandía en este estado inusual, comencé a percibir imágenes fugaces y emociones intensas relacionadas a todos los sucesos que habían ocurrido en mi vida a lo largo de esos veinte años. Era como si estuviera conectado a un nivel más profundo de la existencia, trascendiendo las limitaciones del cuerpo físico. Experimentaba una conexión profunda con mi ser interior y con una fuerza superior que trascendía la comprensión humana.

En ese cuarto oscuro lleno de energías, pude sentir el flujo constante de energía curativa que irradiaba desde los médicos y enfermeras que trabajaban en mi cuerpo. Sus manos expertas guiadas por una intención amorosa y dedicación absoluta se movían con precisión, sanando las heridas y restaurando mi salud. Era como si cada toque transmitiera una energía sanadora que se entrelazaba con la mía, impulsando mi proceso de recuperación mientras yo me decía a mí mismo permanente mente "debes vivir".

Mientras me sumergía más en este viaje espiritual, también pude percibir la presencia de seres queridos que habían partido antes que yo.

Suena muy loco, lo sé, y es que recuerdo como si hubiese sido ayer, a mi abuela, la madre de mi papá, quien, a causa de un cáncer, había fallecido hace un par de años. Junto a ella estaba una niña que agarraba una de sus manos. Pero aquí hay algo aún más raro...

Días antes, el jueves para ser exacto, mientras me preparaba para conciliar ya el sueño a eso de las 11:50 pm, alguien timbró a la puerta de nuestra casa, el apartamento 404.

El primer timbrazo lo ignoré por completo, pensando que había sido al lado, pero minutos después timbraron nuevamente y cuando abrí la puerta, lo único que pude observar fue las escaleras. No había absolutamente nadie y no se escuchó pasos ni otras puertas de los vecinos cerrarse.

Pudo haber sido una broma, pensé yo y fui a la cama para entrar en un descanso profundo, donde a eso de las cuatro de la mañana, mientras dormía, tuve un sueño donde aparecía yo durmiendo tal cual lo estaba esa misma noche, y alguien timbraba la puerta. Corrí inmediatamente a abrir y se te van a poner los pelos de punta cuando te enteres quién estaba tras la puerta...

Así es, una pequeña niña de unos ciento cuarenta centímetros de estatura y cuya edad rondaba los seis u ocho años, había timbrado. Yo asombrado le pregunté, siendo muy amable, qué era lo que quería y lo único que respondió con una linda y tierna sonrisa fue que solo quería saludarme y que estaba jugando.

Al sentir esa inocencia, en medio de mi sueño, decidí salir de mi casa e ir a jugar con la niña. Bajamos las escaleras y al llegar al primer piso, nos dirigíamos a la piscina y ya estaba de día, incluso el sol ya estaba presente.

La niña con su vestido rosado tenía en sus manos una pelota inflable de colores blanco, rojo, azul y verde.

Lo anterior es lo que mejor puedo recordar de aquel sueño.

Al despertar, vaya, que sensación más extraña, pensaba una y otra vez en aquella niña que días después aparecería nuevamente en mis sueños con mi abuela. Recuerdo también que tanto la niña como mi abuela caminaban en dirección al último apartamento donde vivió mi abuela, un conjunto residencial que, hasta el sol de hoy, aún no terminan de construir por completo.

Antes de comenzar a caminar, la niña me extendió su mano y me dijo que ellas dos me ayudarían y yo en ese trance, sentía una paz y una confianza gigantesca, que no dudé en agarrar esa pequeña mano y dejarme guiar.

De repente pasé de estar en un conjunto residencial que estaba siendo construido, a estar literalmente sentado en una lámpara. Sí, una lámpara. Haz de cuenta que hay un columpio que cuelga del techo de un quirófano. Ese mismo columpio era la una de las lámparas que alumbraba el quirófano donde yo estaba siendo operado.

Sentado, pero muy consiente de lo que sucedía, puedo decir que observé gran parte de aquella cirugía, la primera de mi abdomen y sabiendo que de una u otra manera, lograría sobrevivir.

Fue todo muy raro, porque en medio de ese sueño, yo sabía que estaba tenido un sueño donde me estaba viendo a mi mismo en la misma sala donde me ingresaron. ¿Fue aquello realmente un sueño, o qué piensas tu?

Mientras estaba sentado en la lámpara mi sueño me transportó a otro lugar donde con claridad pude revivir lo sucedido hace un par de horas, y es que esto es lo más raro de todo; fui yo mismo quien me ayudé a pararme de aquel sardinel. Yo mismo dándome aliento y esa dosis extra de energía que necesitaba para pararme, introducir un dedo en mis costillas e ir a buscar un vehículo que pudiera llevarme a un centro médico.

Al igual que era yo mismo quien me despertaba en el taxi cada que mi cuerpo me forzaba a dormir. ¡Quihubo, debes vivir! Me gritaba sin parar.

Cuando mi yo de ese sueño llegó al lugar de los hechos, pude ver con claridad a mi papá en la silla del carro con el timón al frente intentando decir algo a mi mamá y lo que yo intuyo, es que quería saber de mi debido a que alcanzó a ver la mancha de sangre de mi camisa.

La transformación personal

La transformación personal en el contexto de esta historia podría describirse como un proceso de cambio interno y crecimiento personal que ocurre como resultado de las experiencias traumáticas y desafiantes que he enfrentado.

El acontecimiento y presenciar la muerte de mi padre pueden fueron eventos extremadamente impactantes y perturbadores para mí. Estas experiencias desencadenaron una profunda reflexión sobre la vida, la mortalidad y el propósito personal. A partir de ahí, he experimentado un despertar emocional y un fuerte deseo de aprovechar al máximo la vida y hacer una diferencia positiva en el mundo; intentando aportar algo bueno al mundo todos los días.

El haber estado en el hospital al borde de la muerte y luego recuperarme al 100%, me ha proporcionado una nueva apreciación por la vida y una perspectiva renovada sobre la propia existencia. Un sentimiento inmenso de gratitud por mi segunda oportunidad se aferró a mi ser y sentí la necesidad de aprovechar al máximo mi tiempo y mi potencial.

Pequeños detalles hacen grandes diferencias y los pequeños cambios a la larga traen resultados gigantescos.

El ganador de siete balones de oro en el fútbol menciona que le tomó 17 años y 144 días convertirse en un éxito de la noche a la mañana. Aun así, hay personas que lo intentan una semana y ya se dan por vencidos solo porque no ven resultados.

También podemos mencionar al gran exponente del atletismo mundial. El jamaiquino quien entrenaba 4 años para correr 9 segundos, y fue así como conquistó la gloria.

Si algo tengo claro es que en la vida debemos si, ser disciplinados, ya que es muy importante para poder comenzar, pero más importante es la CONSISTENCIA, porque sin consistencia no se termina lo que se comenzó.

Buscar ser una mejor persona cada día implica un compromiso continuo de crecimiento personal y desarrollo. Puede implicar un enfoque en mejorar aspectos como la empatía, la compasión, la paciencia, la generosidad y la amabilidad. También puede involucrar aprender nuevas habilidades, adquirir conocimientos y ampliar horizontes para convertirse en una persona más versátil y capaz.

También debemos identificar si las personas que nos rodean son personas que nos apoyan incondicionalmente, nos motivan y nos impulsan a querer sobresalir de una forma positiva. Ya sabes que dicen que, si te rodeas de cinco borrachos, muy probablemente serás el sexto, pero si te rodeas de cinco emprendedores o empresarios exitosos, también muy probablemente serás el sexto.

Presta mucha atención a quienes te rodean y a quienes te aconsejan. Nunca olvides que el mundo está repleto de personas que hablan mucho, pero no han hecho nada en la vida.

Siempre le menciono a las personas cercanas o a las personas que cordialmente me piden un consejo, que debemos hacerle caso o más bien, seguir consejos únicamente de personas que tienen los resultados deseados.

Estoy casi seguro de que alguna vez en la vida cometiste ese error, y no te preocupes porque todos lo hemos cometido; seguir un consejo de alguien que no tiene los resultados deseados. La respuesta al por qué lo hemos hecho es simple: Miedo.

Si, en la vida debemos arriesgarnos, pero antes de arriesgarte o seguir tus impulsos, debes primero pensar con cabeza fría. Vas a hacer desde hoy esto, un gran consejo de un exitoso empresario y persona. Vas a imaginar que antes de tomar cualquier decisión tienes una balanza donde en uno de sus lados vas a poner los riesgos que puede traer tomar esa decisión y en el otro extremo, los beneficios que podría traerte. Cuando logres ajustar lo anterior puedes decidir siempre teniendo en cuenta que, **SI EL BENEFICIO ES MUCHO MAYOR QUE EL RIESGO, VALE LA PENA.**

Otro de los grandes consejos de una persona con resultados extraordinarios es que la mayoría de las personas no se marcan una visión clara en la vida, no se marcan unos objetivos claros, al igual que no se marcan un plan para lograr esa visión y cumplir con los objetivos que ya ha establecido.

Hoy, te invito a que, en una hoja de papel, estructures tu propósito de vida. Te aseguro que cuando tengas un propósito claro, tu vida cambiará para bien.

¿Has escuchado el término "M I N D S E T   P O S I T I V O"? Pues va ligado a creer en ti, creer en que sí puedes y te lo explico a continuación.

Me refiero a una mentalidad o actitud psicológica que se caracteriza por creer en la posibilidad de alcanzar el éxito, superar los desafíos y lograr metas significativas. Un mindset ganador se enfoca en el crecimiento personal, la perseverancia, la confianza en sí mismo y la resiliencia frente a las dificultades.

Las personas con un mindset ganador tienen la creencia fundamental de que el esfuerzo y la dedicación pueden conducir al éxito. Ven los obstáculos como oportunidades de aprendizaje y desarrollo, y están dispuestas a tomar riesgos calculados para alcanzar sus objetivos. En lugar de darse por vencidos frente a los fracasos o las adversidades, ven estas situaciones como parte del proceso y encuentran formas de aprender y crecer a partir de ellas.

Un mindset de triunfo implica tener una mentalidad positiva y optimista, enfocándose en las posibilidades en lugar de las limitaciones. Las personas con este tipo de mentalidad se centran en sus fortalezas y habilidades, aprovechan sus recursos y buscan soluciones creativas a los desafíos que enfrentan. También pueden buscar modelos a seguir, aprender de otros exitosos y rodearse de personas que los apoyen en su búsqueda del éxito.

Además, el mindset ganador implica asumir la responsabilidad personal de los resultados y acciones. Estas personas no se sienten victimizadas por las circunstancias, sino que creen que tienen el poder de influir en su propio destino a través de la toma de decisiones y la acción proactiva. Ven los fracasos como oportunidades de aprendizaje y se levantan rápidamente después de un revés, utilizando las experiencias pasadas como trampolín hacia el éxito futuro.

Entonces podemos decir que, en definitiva, un mindset ganador o de triunfo es una mentalidad positiva y orientada hacia el crecimiento personal, que se basa en la creencia, en la posibilidad de alcanzar el éxito y superar los desafíos. Se caracteriza por la perseverancia, la confianza en sí mismo, la resiliencia y la disposición para aprender y crecer a partir de las dificultades.

El deseo de impactar positivamente en las personas indica una voluntad de utilizar las propias experiencias y habilidades para marcar una diferencia en la vida de los demás. Esto puede manifestarse de diversas formas, como ayudar a los demás, inspirar y motivar a las personas, compartir conocimientos y experiencias, o incluso participar en actividades benéficas o de voluntariado.

La transformación personal en esta historia se refiere al proceso de cambio y crecimiento interno que ocurre después de enfrentar experiencias traumáticas. Implica buscar constantemente ser una mejor persona, aprender nuevas habilidades y tener un impacto positivo en la vida de los demás. Esta transformación puede estar impulsada por la reflexión profunda, la gratitud por la vida y la motivación para aprovechar al máximo las oportunidades y el potencial personal.

Unión entre un propósito de vida claro y un mindset positivo y ganador. A continuación, te dejo unos pasos que puedes seguir para establecer un propósito de vida claro que puede encaminarte al éxito personal, espiritual, financiero y familiar.

Pasos para establecer un propósito de vida:

1. **Auto-reflexión**: Tómate el tiempo para reflexionar sobre quién eres, tus valores, tus pasiones y tus fortalezas. Haz una evaluación honesta de ti mismo y considera lo que te hace sentir realizado y satisfecho.

2. **Identifica tus intereses y pasiones**: Piensa en las actividades, temas o causas que te emocionan y te motivan. Considera en qué áreas te gustaría hacer una diferencia y cómo puedes combinar tus talentos y pasiones para lograrlo.

3. **Establece metas claras**: Define metas específicas y significativas que estén alineadas con tus valores y pasiones.

Estas metas deben ser retadoras pero alcanzables, y deben inspirarte a trabajar hacia ellas.

4. **Encuentra tu propósito central**: Identifica un propósito central que unifique tus metas y te dé una dirección clara en la vida. Esto podría ser algo relacionado con tu contribución a la sociedad, tu crecimiento personal o tu impacto en los demás.

5. **Crea un plan de acción**: Desarrolla un plan con pasos concretos para alcanzar tus metas y vivir tu propósito. Establece hitos a lo largo del camino y adapta tu plan según sea necesario.

6. **Persiste y aprende de los desafíos**: El camino hacia el propósito de vida puede presentar obstáculos y desafíos. Mantén una mentalidad de crecimiento, aprende de tus errores y fracasos, y mantén la motivación y la perseverancia para seguir adelante.

7. **Busca apoyo y guía**: Busca mentores, personas exitosas o profesionales en tu campo de interés que puedan brindarte orientación y apoyo. Aprende de sus experiencias y consejos para ayudarte a avanzar en tu camino hacia el propósito de vida.

Recuerda que el propósito de vida puede evolucionar con el tiempo a medida que creces y adquieres nuevas experiencias. Mantente abierto a las oportunidades y ajusta tu propósito según sea necesario para mantenerlo relevante y significativo en tu vida.

Y es que aún recuerdo aquel martes cuando recibí la noticia definitiva de que mi padre había fallecido y que el lunes había sido su funeral. La noticia me la dio mi madre.

Decidieron que debía ser después de las cirugías, pues estaba tan grave que una notica como esas podría complicar todo.

En la mañana del martes, una psicóloga de aquel centro médico se acercó a hablarme y preguntarme sobre mi estado de ánimo. Solo una pregunta le bastó para darse cuenta de que estaba preparado para recibir la noticia.

Mi respuesta fue que me encontraba bien, con muchas ganas de recuperarme, y le dije "yo sé el por qué estás aquí, lo sospeché desde aquel instante donde ocurrió todo y este tiempo he avanzado junto con ello y estoy aprendiendo a aceptarlo"

La psicóloga un poco asombrada, llamó a mi madre quien estaba en el pasillo y le dijo "él está muy preparado para saber lo ocurrido" y fue entonces que mi madre me contó lo mencionado anteriormente.

Desde ese momento supe que mi vida debía tomar un rumbo diferente, aprovechar el tiempo al máximo y ser una gran motivación, no solo para mi mismo, sino también para mi familia.

Sin saberlo, estaba pensando que lo que necesitaba era definir un propósito claro en mi vida y no quedarme pensando en el por qué ocurrió todo eso, sino PARA QUÉ ocurrió.

Es así como fui desarrollando mi mindset positivo y ganador, lo que puedo llamar como una mentalidad inquebrantable y a continuación te dejo los pasos que te ayudarán a construir esa mentalidad, la que cambiará tu vida por completo:

Pasos para construir una mentalidad inquebrantable:

1. **Cultivar la mentalidad de crecimiento**: Adopta la creencia de que tus habilidades y capacidades pueden ser desarrolladas a través del esfuerzo y la dedicación. Enfócate en el <u>aprendizaje continuo</u>, busca oportunidades de mejora y mantén una actitud abierta hacia los desafíos.

2. **Visualizar el éxito**: Visualiza tus metas y éxito como si ya los hubieras alcanzado. Imagina los resultados positivos y siéntete conectado emocionalmente con ellos. Esto puede ayudarte a mantener una actitud positiva y atractiva hacia tus objetivos.

3. **Practicar la gratitud**: Cultiva la gratitud por las cosas positivas en tu vida. Tómate un tiempo todos los días para reflexionar sobre las bendiciones, los logros y las experiencias positivas. Esto puede ayudar a cambiar tu enfoque hacia lo positivo y mejorar tu estado de ánimo.

4. **Desafiar los pensamientos negativos**: Reconoce los pensamientos negativos y autocríticos y desafíalos con pensamientos más positivos y realistas. Cuestiona las creencias limitantes y reemplázalas con afirmaciones positivas y constructivas.

5. **Establecer metas claras y realistas**: Establece metas específicas y alcanzables que te desafíen y te inspiren. El establecimiento de metas te da una dirección clara y te motiva a seguir adelante, creando una mentalidad ganadora.

6. **Mantener el enfoque en soluciones**: En lugar de centrarte en los problemas y obstáculos, enfócate en buscar soluciones y oportunidades. Asume la responsabilidad de tu vida y tus circunstancias, y busca activamente formas de superar los desafíos que puedan surgir.

7. **Cultivar una red de apoyo**: Rodearte de personas positivas, motivadoras y de mentalidad similar puede ser de gran ayuda. Busca mentores, compañeros de confianza o grupos de apoyo que compartan tus objetivos y te brinden apoyo y aliento en tu camino.

8. **Practicar la resiliencia**: Acepta que los desafíos y fracasos forman parte del camino hacia el éxito. Desarrolla la resiliencia emocional y la capacidad de recuperarte rápidamente de los contratiempos. Aprende de las experiencias difíciles y utilízalas como oportunidades de crecimiento.

Algo clave para lograr aquella mentalidad inquebrantable es la INTELIGENCIA EMOCIONAL, y ha sido uno de los aspectos clave que juega un papel fundamental en mi transformación. La inteligencia emocional se refiere a la capacidad de reconocer, comprender y gestionar nuestras propias emociones, así como las emociones de los demás. En mi caso, las experiencias cercanas a la muerte despertaron una profunda conexión con mis emociones y me llevaron a desarrollar una mayor conciencia emocional.

Cuando presencié la muerte de mi padre y me encontré al borde de la muerte en el hospital, experimenté una intensidad emocional abrumadora. Estas experiencias me obligaron a enfrentar mis propias emociones de dolor, pérdida y miedo de una manera más profunda que nunca. En lugar de dejarme consumir por estas emociones negativas, elegí enfrentarlas y comprenderlas.

A medida que me sumergía en el proceso de autodescubrimiento, comprendí que la inteligencia emocional no solo implicaba reconocer y gestionar mis propias emociones, sino también la capacidad de empatizar y comprender las emociones de los demás. A través de mi propio dolor y el deseo de ayudar a los demás, desarrollé una empatía profunda hacia aquellos que también estaban lidiando con experiencias difíciles y no necesariamente una experiencia trágica. No todas las personas asimilan de la misma forma el mismo acontecimiento.

La inteligencia emocional se convirtió en una herramienta poderosa en mi vida, ya que me permitió establecer conexiones más significativas con las personas que he encontrado en este camino.

Utilizando mi capacidad para comprender y gestionar las emociones, he podido brindar apoyo y consuelo a aquellos que lo necesitaban, generando un impacto positivo en sus vidas.

Hay muchas personas que en este mismo momento pueden necesitar un aliento de ayuda, dejarles saber que pueden lograr cualquier cosa que se propongan, que peores cosas pasan, y que necesita encontrar la calma. Las mejores soluciones llegan en los momentos de calma. Por lo anterior, recuerda que debemos volvernos maestros en encontrar nuestra calma.

Recuerda la última decisión o cosas que dijiste en algún momento de rabia en tu vida. ¿Piensas que fue lo correcto?

A lo largo de mi viaje, descubrí que la inteligencia emocional no solo me permitía manejar las adversidades de manera más efectiva, sino que también me ayudaba a forjar relaciones más fuertes y a construir un propósito significativo para mi vida. La combinación de resiliencia, capacidad para conectarme emocionalmente con los demás y el deseo de generar cambios positivos me permitió convertirme en una fuerza inspiradora en la vida de aquellos que me rodeaban.

La historia que te estoy contando es un testimonio del poder transformador de la inteligencia emocional y el creer en uno mismo. A través de mis experiencias traumáticas, aprendí a canalizar las emociones de manera positiva y utilizarlas como motivación para crecer, sanar y marcar la diferencia no solo en mi vida, sino también en la vida de los demás. con esta historia te invito a reflexionar sobre nuestra propia inteligencia emocional y cómo podemos cultivarla para enfrentar los desafíos de la vida y convertirnos en versiones más compasivas y resilientes de nosotros mismos.

¿Cómo fortalecer nuestra inteligencia emocional?

La inteligencia emocional es una habilidad esencial para alcanzar el éxito y el bienestar en la vida. Nos permite comprender y gestionar nuestras propias emociones, así como establecer conexiones significativas con los demás. Fortalecer nuestra inteligencia emocional nos capacita para afrontar los desafíos de manera efectiva, desarrollar relaciones saludables y tomar decisiones informadas. Si deseas convertirte en una persona más resiliente, empática y exitosa, es fundamental trabajar en el desarrollo de tu inteligencia emocional.

A continuación, te presentaré los pasos clave para fortalecer tu inteligencia emocional y convertirte en una mejor persona y ganador en la vida.

Pasos para lograr una inteligencia emocional fuerte y estable:

1. **Autoconocimiento emocional**: El primer paso hacia una inteligencia emocional sólida es tomar conciencia de tus propias emociones. Presta atención a cómo te sientes en diferentes situaciones y reflexiona sobre las causas subyacentes de tus emociones. Identifica tus fortalezas emocionales y las áreas en las que puedes mejorar.

2. **Autogestión emocional**: Una vez que comprendas tus emociones, es importante aprender a gestionarlas de manera saludable. Desarrolla estrategias para regular tus emociones, como practicar técnicas de relajación, meditación o ejercicios físicos. Aprende a manejar el estrés de manera efectiva y a tomar decisiones conscientes en lugar de reaccionar impulsivamente.

3. **Empatía:** La empatía es la capacidad de entender y compartir las emociones de los demás. Practica ponerse en el lugar de los demás y trata de comprender sus perspectivas y sentimientos. Escucha activamente y muestra interés genuino por las experiencias de los demás. La empatía te ayudará a construir relaciones más sólidas y a responder de manera más compasiva ante las necesidades de los demás.

4. **Habilidades sociales**: Desarrollar habilidades sociales efectivas es esencial para fortalecer la inteligencia emocional. Trabaja en tus habilidades de comunicación, tanto verbal como no verbal, y practica la resolución de conflictos de manera constructiva. Aprende a establecer límites saludables y a construir relaciones basadas en el respeto y la confianza.

5. **Resiliencia emocional**: La resiliencia emocional implica la capacidad de recuperarse de las adversidades y mantener una actitud positiva en situaciones difíciles. Cultiva una mentalidad

de crecimiento y encuentra formas saludables de manejar el fracaso y la frustración. Aprende de tus experiencias y utiliza los obstáculos como oportunidades para crecer y desarrollarte.

6. **Práctica constante**: El desarrollo de la inteligencia emocional requiere tiempo y práctica continua. Comprométete a trabajar en estas habilidades en tu vida diaria. Busca oportunidades para poner en práctica lo que has aprendido y reflexiona sobre tus experiencias emocionales para seguir creciendo.

Fortalecer tu inteligencia emocional te permitirá convertirte en una persona más equilibrada, consciente y exitosa en todas las áreas de tu vida. Al ser capaz de gestionar tus emociones de manera efectiva y establecer relaciones saludables, estarás mejor preparado para enfrentar los desafíos y alcanzar tus metas.

Recuerda que tus metas deben ir acorde a tu propósito de vida y para llegar a ello necesitas **TOMAR ACCIÓN** y quejarte menos.

La importancia de pasar de la queja a la acción es fundamental en el proceso de transformación personal y en la búsqueda de éxito y realización. La queja puede convertirse en un hábito destructivo que nos mantiene estancados y nos impide avanzar hacia nuestros objetivos.

Cuando nos quedamos atrapados en la queja, nos enfocamos en lo que está mal en nuestras vidas y en las circunstancias negativas que nos rodean. Esto nos lleva a sentirnos impotentes, frustrados y sin control sobre nuestras vidas. La queja nos roba la energía y nos sumerge en un ciclo de negatividad que nos paraliza.

Sin embargo, al pasar de la queja a la acción, recuperamos el poder sobre nuestras vidas. En lugar de centrarnos en lo que está mal, nos enfocamos en buscar soluciones y tomar medidas concretas para mejorar nuestra situación. La acción nos permite tomar el control de nuestra vida y nos empodera para hacer cambios positivos.

Pasar de la queja a la acción implica asumir la responsabilidad de nuestra propia vida y dejar de culpar a los demás o a las circunstancias externas por nuestros problemas. Reconocemos que somos los únicos responsables de nuestra felicidad y éxito, y nos comprometemos a tomar las medidas necesarias para lograrlo.

La acción nos impulsa a superar los obstáculos y a enfrentar los desafíos con determinación y perseverancia. En lugar de lamentarnos por las dificultades, buscamos soluciones, aprendemos de los errores y nos levantamos más fuertes. La acción nos permite crecer, evolucionar y superar nuestras limitaciones.

Además, al pasar de la queja a la acción, nos convertimos en agentes de cambio en nuestras vidas y en el mundo que nos rodea. En lugar de ser pasivos y resignarnos a las circunstancias, nos convertimos en personas proactivas y generadoras de resultados. Nuestras acciones inspiran a otros y generan un impacto positivo en nuestra comunidad.

Es importante tener en cuenta que pasar de la queja a la acción no significa negar o ignorar nuestras emociones legítimas de frustración o insatisfacción. Reconocer y validar nuestras emociones es importante, pero no debemos permitir que nos paralicen. En lugar de quejarnos sin hacer nada al respecto, canalizamos nuestras emociones de manera constructiva y nos enfocamos en buscar soluciones.

Impactando positivamente a los demás

Impactar positivamente en los demás significa tener un efecto beneficioso en la vida de las personas que nos rodean. Es la capacidad de influir de manera positiva en su bienestar, sus emociones, sus perspectivas y su desarrollo personal. Cuando impactamos positivamente en los demás, estamos generando cambios favorables en sus vidas, brindando apoyo, inspiración, motivación o ayuda de alguna manera.

A lo largo de mi viaje, he aprendido que impactar positivamente a los demás es uno de los mayores regalos que podemos ofrecer como seres humanos. Después de enfrentar una tragedia devastadora y luchar por mi propia supervivencia, me di cuenta de que cada momento es valioso y que cada interacción puede tener un impacto duradero en la vida de alguien más.

La transformación que experimenté después de aquellas experiencias cercanas a la muerte fue profunda. En lugar de dejarme consumir por la tristeza y el desaliento, decidí convertir mi dolor en una fuerza motriz para marcar la diferencia en la vida de los demás. Me comprometí a utilizar mis experiencias y conocimientos adquiridos para brindar apoyo, inspiración y esperanza a quienes me rodean y es por eso que decidí contar mi historia y lograr que llegue a miles y por qué no, millones de personas. Nunca olvides que querer es poder. Tu entorno se controla, debes ser tú quien tome tus propias decisiones y no dejarte influenciar por tu entorno. Aprende a creer más en tí, aprende a seguir consejos de personas con resultados y aprende a convertirte en una persona con resultados para poder impactar positivamente en los demás.

A medida que me sumergía en mi propio proceso de autodescubrimiento, me di cuenta de que la empatía y la compasión son herramientas poderosas para impactar positivamente a los demás. Comencé a prestar atención a las necesidades de las personas a mi alrededor y a buscar maneras de ayudarles a superar sus desafíos. Ya sea ofreciendo una palabra de aliento, compartiendo mis experiencias personales o brindando mi tiempo y habilidades, descubrí que incluso las acciones más pequeñas pueden tener un impacto significativo.

También descubrí que mi historia de resiliencia y superación podía servir como fuente de inspiración para aquellos que estaban pasando por momentos difíciles. Al compartir mis experiencias y mis lecciones aprendidas, pude demostrarles que la adversidad no tiene por qué definirnos, sino que puede fortalecernos y llevarnos a alcanzar nuestra mejor versión. A través de mis palabras y acciones, me esforcé por transmitir un mensaje de esperanza y la creencia inquebrantable de que cada individuo tiene el poder de transformar su vida y la de los demás.

A medida que avanzaba en mi camino, me di cuenta de que el impacto positivo en los demás no solo generaba cambios externos, sino que también transformaba mi propia vida. Al brindar apoyo y generar resultados positivos en la vida de los demás, descubrí un sentido de propósito y plenitud que nunca había experimentado. Cada sonrisa, cada muestra de gratitud y cada logro compartido reafirmaron mi convicción de que todos tenemos el poder de marcar la diferencia.

Encontrar mi vocación para ayudar a otros y lograr impactar positivamente sus vidas ha sido un proceso de autoexploración, aprendizaje y acción. A través de la empatía, la compasión y la determinación de hacer una diferencia, he descubierto el camino hacia una vida significativa y llena de propósito.

Encontrar la vocación para ayudar a otras personas y lograr impactar positivamente sus vidas es un proceso personal y único para cada individuo. Sin embargo, hay algunas pautas generales que pueden ayudarte a descubrir y cultivar esta vocación:

- Reflexiona sobre tus propias experiencias: Observa tus propias experiencias de vida, tanto positivas como negativas. ¿Hay momentos en los que te has sentido especialmente motivado/a a ayudar a otros? ¿Cuáles son tus fortalezas y habilidades que podrías utilizar para marcar la diferencia en la vida de las personas?

- Conecta con tus valores y pasiones: Identifica los valores que son importantes para ti y las causas que te apasionan. La conexión emocional con una causa o tema en particular puede impulsarte a dedicar tu tiempo y energía para ayudar a otros en esa área.

- Observa las necesidades a tu alrededor: Presta atención a las necesidades de las personas que te rodean, ya sea en tu comunidad, lugar de trabajo o círculo social. ¿Qué problemas o desafíos enfrentan? ¿Cómo podrías contribuir a solucionar esas problemáticas o brindar apoyo?

- Aprende y adquiere habilidades: Busca oportunidades de aprendizaje y desarrollo en áreas que te interesen. Obtener conocimientos y habilidades específicas te permitirá tener un impacto más efectivo en la vida de los demás. Puedes tomar cursos, leer libros, asistir a conferencias o buscar mentores que te guíen en tu camino.

- Empatía y compasión: Cultiva la empatía y la compasión hacia los demás. Intenta ponerte en el lugar de las personas y comprender sus experiencias, emociones y necesidades. La empatía te permitirá conectarte de manera más profunda y auténtica con quienes deseas ayudar.

- Toma acción: No te quedes solo en las intenciones, da el paso y comienza a tomar acciones concretas. Puedes comenzar pequeño, brindando ayuda a quienes te rodean de manera individual, participando en proyectos voluntarios o uniéndote a organizaciones que se dediquen a causas que te apasionen.

Recuerda que el proceso de encontrar tu vocación para ayudar a otros puede llevar tiempo y exploración. No tengas miedo de experimentar y probar diferentes enfoques hasta que encuentres lo que realmente resuena contigo. Lo más importante es que tu deseo de impactar positivamente en la vida de los demás sea genuino y esté respaldado por acciones coherentes.

Ahora es tiempo de hablarte sobre el desarrollo de habilidades y conocimientos.

Ya sabes que uno de los mejores consejos que alguien quien es un ejemplo para seguir en todos los aspectos de la vida, me ha dado, es que debemos hacerle caso únicamente a personas con resultados y lo mejor es que hay demasiada información valiosa y gratis en internet.

¿Realmente tus redes sociales están repletas de contenido de valor o solo es entretenimiento que no aporta?

Si puedes pasar 1 o 2 horas viendo una película en alguna plataforma, te aseguro que también puedes dedicar 1 hora de tu día para auto educarte con personas que comparten su progreso exitoso, ya sea a nivel espiritual, financiero o cualquier área de tu vida que desees mejorar.

Es muy curioso que, si comparamos la mayoría de los videos con títulos como por ejemplo "Cómo conseguir 3 fuentes de ingreso en 12 meses" con otros videos como "Broma pesada a mi novia", el primero tal vez tendrá el 20% de visualizaciones del segundo. Es decir, que si tenemos un video de una broma que al final solo es entretenimiento (y claro que respeto a las personas que hacen este contenido) con más de un millón de visualizaciones, por otro lado, tenemos un video de educación financiera que seguramente podría servirnos mucho más, con tan solo doscientos mil visualizaciones.

Algo que seguramente cambiará tu vida por completo es adquirir el hábito de auto educarte todos los días. Para ello puedes utilizar libros, ver videos con contenido de valor, pagar mentorías, hacer cursos, entre otras opciones que podemos encontrar para lograr crecer como persona.

Que bueno sería que cada que demos un consejo a una persona, realmente aportemos valor con las palabras que salen de nuestra boca.

Mientras hay personas que creen saberlo todo, al mismo tiempo hay personas con bienestar físico, emocional, financiero y familiar que día a día buscan aprender algo nuevo porque tienen claro que el mundo no se detiene.

Todos tenemos claro que el dinero no lo es todo, eso es verdad, pero es sumamente importante en nuestra vida, y quién no lo vea así, debería reflexionar al respecto. Me encantaría en este libro darte consejos sobre cómo crear riqueza y llegar a un millón de dólares en facturación, pero aún no lo logro y seguramente cuando llegue a ello, enseñaré mi camino con la intención de seguir ayudando al crecimiento personal.

¿Pero sabes algo? Estoy dándote las pautas para construir una mentalidad fuerte, inquebrantable y ganadora. Una mentalidad que te llevará a conseguir cualquier cosa que te propongas.

Debes tener claro que el choque es bastante fuerte, tu entorno se sacudirá y al final vas a darte cuenta de que sí puedes controlarlo y es ahí donde comienza la magia. El cambio comienza desde adentro. No puedes controlar lo que está a tu alrededor, sin antes poder controlar lo que está en tu cabeza y para ello hay una estrategia que te servirá mucho.

Se trata de entrenar tu subconsciente, pero antes debes aprender a dejar de procrastinar y a poner atención a tus vicios, pues quien tiene muchos vicios, tiene muchos amos. Los vicios, ya sean relacionados con sustancias, comportamientos o actitudes negativas, tienen el potencial de ejercer un control poderoso sobre nuestras vidas. Cuando nos entregamos a ellos, nos convertimos en esclavos de nuestros propios deseos y compulsiones.

Tener muchos vicios implica que nuestras acciones y decisiones están impulsadas por estas adicciones, en lugar de estar basadas en nuestra propia voluntad y autodeterminación. Nos volvemos dependientes de estas sustancias o comportamientos para encontrar satisfacción y nos volvemos incapaces de disfrutar de una vida plena y libre.

Los vicios pueden tener un impacto negativo en diversas áreas de nuestra vida, incluyendo nuestra salud física, emocional y social. El abuso de sustancias puede dañar nuestro cuerpo y nuestra mente, afectar nuestras relaciones personales y profesionales, y limitar nuestras oportunidades de crecimiento y éxito.

La importancia de impactar positivamente a las personas desde el ejemplo radica en el poder transformador que una sola persona puede tener en su entorno. Cuando nos esforzamos por ser individuos con una mentalidad fuerte, una buena inteligencia emocional y sin vicios que controlen nuestra vida, podemos inspirar y motivar a otros a seguir el mismo camino.

Ser una persona con una mentalidad fuerte implica cultivar una actitud positiva y resiliente frente a los desafíos y obstáculos que la vida nos presenta. Esta fortaleza mental nos permite mantenernos enfocados en nuestros objetivos, superar las adversidades y encontrar soluciones constructivas. Al demostrar esta mentalidad a través de nuestras acciones y palabras, mostramos a los demás que es posible enfrentar las dificultades con valentía y determinación.

La inteligencia emocional juega un papel crucial en nuestras interacciones con los demás. Ser conscientes de nuestras propias emociones y ser capaces de gestionarlas de manera saludable nos ayuda a mantener relaciones armoniosas y respetuosas. Cuando demostramos una inteligencia emocional desarrollada, somos capaces de comprender y empatizar con las emociones de los demás, brindando apoyo y contribuyendo a un ambiente positivo.

Además, liberarnos de los vicios que controlan nuestra vida nos permite vivir con mayor libertad y autenticidad. Al tomar el control de nuestras acciones y decisiones, nos convertimos en un ejemplo de disciplina y autocontrol. Esto puede inspirar a otros a liberarse de las cadenas de sus propios vicios y adicciones, motivándolos a buscar un estilo de vida más saludable y equilibrado.

Resultados tangibles

Si realmente deseas hacer un cambio en tu vida, dejar de procrastinar es un paso clave para lograrlo.

Procrastinar implica posponer tareas o responsabilidades importantes por actividades menos urgentes o placenteras. Sus causas pueden variar y los efectos negativos pueden incluir estrés, baja calidad de trabajo, consecuencias adversas y deterioro de la autoestima. Por ello, es importante reconocer este patrón de comportamiento y buscar estrategias para superarlo y mejorar la gestión del tiempo y la productividad.

Algo que hacen las personas exitosas y que me ha ayudado mucho en mi proceso, es cada noche apuntar las tareas a realizar el día siguiente para posterior a ello, irlas marcando cada que las vaya realizando. Lo anterior ha mejorado mi productividad de una manera increíble y me ha ayudado a optimizar mejor mi tiempo.

Apuntar las tareas del día siguiente se convierte en una aliada incansable para derrotar a ese enemigo silencioso llamado procrastinación. Cuando nos tomamos unos minutos antes de cerrar los ojos y plasmamos en papel o en una aplicación las responsabilidades que nos esperan en el amanecer, estamos abriendo las puertas hacia un futuro más productivo.

La claridad y el enfoque son los primeros beneficios que nos regala esta simple pero poderosa práctica. Al escribir las tareas con anticipación, se despejan las nubes de incertidumbre y se ilumina un camino definido hacia el éxito. Ya no hay espacio para la ambigüedad o la duda, solo hay objetivos claros y una visión nítida de lo que se debe lograr.

No menos importante es la planificación y la organización que se obtiene al apuntar las tareas. En ese momento, se traza un mapa detallado que nos indica qué camino tomar, cómo distribuir nuestro tiempo y cuáles son las prioridades. De esta manera, nos protegemos de la tentación de la improvisación y nos aseguramos de no caer en la trampa de dejar todo para el último momento.

Al evitar la toma de decisiones en el momento, nos liberamos de una carga pesada. Al apuntar las tareas con anticipación, estamos eliminando esa voz interna que nos pregunta constantemente qué hacer a continuación. Ya no hay lugar para las dudas, solo hay que seguir el plan trazado y avanzar con determinación hacia nuestras metas. La procrastinación pierde fuerza cuando dejamos de tomar decisiones en el aire y nos aferramos a un itinerario bien definido.

La sensación de logro y la motivación son dos compañeras inseparables que se suman a este hábito. A medida que marcamos las tareas completadas, una oleada de satisfacción nos inunda y nos impulsa a seguir adelante. Esa lista de tareas tachadas es un recordatorio constante de que somos capaces de superar cualquier obstáculo y que la procrastinación ya no tiene espacio en nuestras vidas.

Así que, antes de que el sol se oculte y la noche nos envuelva en su manto oscuro, tómate un momento para apuntar tus tareas del día siguiente. Permítele a ese simple acto de plasmar palabras en el papel convertirse en tu arma contra la procrastinación y lograr resultados tangibles. Con claridad, planificación y la certeza de que estás un paso más cerca de alcanzar tus metas, te lanzarás al nuevo día con fuerza y determinación. La procrastinación se desvanecerá ante ti, incapaz de resistir tu voluntad y tu deseo de triunfar.

De esta manera, podemos comenzar a entrenar nuestro subconsciente y a su vez, fortalecerlo. El subconsciente es un territorio misterioso pero poderoso. Es como un radar que siempre está alerta, escaneando el entorno en busca de oportunidades y recursos que nos ayuden a completar nuestras tareas. Al tener una lista clara y definida, nuestro subconsciente se enfoca en esas metas específicas. Y a medida que avanzamos en nuestro día, nuestra atención selectiva se activa. Nuestra mente se sintoniza con las señales que nos acercan a nuestras tareas, que nos llevan más cerca de nuestros objetivos.

El hábito de apuntar las tareas del día anterior va más allá de la simple planificación y productividad. Hay un poder oculto en esa práctica, una forma de entrenar y nutrir nuestro subconsciente para que trabaje en armonía con nuestros objetivos.

Cuando nos sentamos, lápiz en mano o frente al teclado, y escribimos nuestras tareas para el día siguiente, estamos enviando señales claras y directas a nuestro subconsciente. Como un comandante que establece las órdenes para sus tropas, estamos programando nuestra mente para enfocarse en esas tareas específicas. Estamos diciendo en voz alta, aunque solo sea para nosotros mismos, que estas son las metas que buscamos alcanzar.

Pero hay más en este hábito que solo una lista de tareas. Estamos creando un patrón, una estructura en nuestra vida diaria. Estamos entrenando a nuestro subconsciente para que se adhiera a esta rutina de <u>planificación y organización</u>. Y como cualquier hábito, se arraiga en lo más profundo de nuestro ser. Se convierte en un piloto automático, en una segunda naturaleza. Y nuestro subconsciente se convierte en un socio leal que nos ayuda a mantener ese hábito a largo plazo.

No subestimes el poder de una simple lista de tareas. A medida que apuntas tus responsabilidades del día siguiente, estás haciendo mucho más que organizar tu tiempo. Estás entrenando tu subconsciente, nutriéndolo con las señales necesarias para alcanzar tus metas. Estás estableciendo una conexión poderosa entre tu mente consciente y esa vasta reserva de conocimiento y poder que reside en lo más profundo de ti.

Entonces, tómate ese tiempo al final de tu día. Toma lápiz y papel, o utiliza tu dispositivo digital (en mi caso, lo hago en las notas de mi celular), y anota tus tareas para mañana. Puedes comenzar hoy mismo y te aseguro que en 1 semana verás un cambio positivo. Sé consciente de la semilla que estás plantando en tu subconsciente. Nutre esa conexión, y verás cómo tu mente subconsciente se convierte en un aliado poderoso en tu camino hacia el éxito.

En cada palabra que escribimos, en cada tarea que anotamos, estamos sembrando semillas en lo más profundo de nuestra mente. Afirmaciones positivas y motivadoras encuentran su hogar en nuestra lista y más adelante hay un espacio para ellas, porque a medida que repetimos estas palabras día tras día, estas afirmaciones se arraigan en nuestro subconsciente. Comienzan a convertirse en creencias arraigadas, en una fuerza impulsora que nos empuja hacia adelante y es por lo que voy a enseñarte unas afirmaciones realmente poderosas que cambiaran tu vida por completo.

Pero antes, debo nuevamente dejarte claro que debes tener fe (y no hablo en contexto religioso). Sí, la convicción de lo que no se ve, la certeza de lo que se espera.

Necesitas tener una mente abierta y no limitada a creencias para poder comprender que, en el vasto territorio de la metafísica, la fe encuentra su hogar en la intersección del poder de atracción y la toma de acción. Es un entendimiento profundo y una forma de ser que se manifiesta de múltiples maneras.

La metafísica es una disciplina filosófica que se ocupa de explorar la naturaleza fundamental de la realidad. Va más allá de lo que es tangible y observable, adentrándose en aspectos como la existencia, el conocimiento, la mente y el ser. Busca comprender los principios y fundamentos universales que subyacen en el universo y en la experiencia humana. La metafísica se basa en la idea de que existen niveles de realidad más allá de lo físico y material, y que nuestra comprensión y experiencia de la realidad están influenciadas por nuestros pensamientos, creencias y percepciones. A través de la reflexión, la introspección y la exploración de conceptos abstractos, la metafísica nos invita a indagar en las preguntas trascendentales de la existencia y a desarrollar una comprensión más profunda de nosotros mismos y del mundo que nos rodea.

La comprensión de la fe en la metafísica comienza al reconocer que somos seres de energía conectados con el vasto campo de energía del universo. Nuestros pensamientos, emociones y creencias emiten vibraciones que interactúan con esta red energética. La fe, entonces, radica en la confianza inquebrantable de que podemos influir en esta vibración y atraer experiencias y circunstancias acordes con ella. Por eso insisto tanto en el positivismo, en vibrar alto y positivamente.

Esta fe se manifiesta al cultivar una convicción profunda en nuestra capacidad de manifestar nuestros deseos y metas. Se trata de **creer sin vacilar que aquello que deseamos ya está en proceso de materializarse y que el universo conspira a nuestro favor**. Esta fe inquebrantable nos impulsa a mantener una mentalidad positiva y enfocada, incluso cuando los desafíos se presentan ante nosotros.

La visualización y las afirmaciones se convierten en nuestras herramientas de poder. Nos sumergimos en la práctica de visualizar con claridad y sentir el logro de nuestros deseos hasta el punto de que se te ponga la piel de gallina. Mientras me recuperaba, el deseo ardiente de pararme de esa cama y caminar como si nada, no me dejaba dormir. No hubo un solo momento en el que dudara de lo que de una u otra manera iba a lograr con mi cuerpo, pero principalmente, con mi mente.

Creamos en nuestra mente imágenes detalladas y vibrantes de la vida que deseamos vivir. A través de esta práctica, alimentamos nuestra fe y fortalecemos nuestra creencia en la realización de nuestros sueños.

Las afirmaciones positivas se convierten en nuestros mantras, en nuestras palabras de poder que, junto con la acción, traen consigo resultados milagrosos. Las repetimos con convicción, nutriendo nuestra fe y programando nuestro subconsciente para creer en nuestras capacidades y en el poder ilimitado del universo. Con cada afirmación, nos fortalecemos y reforzamos nuestra fe en el proceso de manifestación.

Sin embargo, la fe en la metafísica no es pasividad. Es la combinación perfecta entre creer y actuar. Tomamos acción inspirada, siguiendo los impulsos y las intuiciones que surgen de nuestro ser. Nos entregamos a la corriente de la vida y nos movemos con confianza hacia nuestros objetivos. En cada paso que damos, demostramos nuestra fe en el proceso y nos abrimos a las oportunidades y soluciones que se manifiestan en nuestro camino.

La fe en la metafísica también exige confiar en el proceso y soltar cualquier resistencia o duda que pueda surgir. Nos entregamos a la sabiduría del universo, confiando en que las cosas se desarrollarán de la mejor manera posible. Al soltar el control y confiar en el flujo natural de la vida, permitimos que las circunstancias se alineen a nuestro favor y que el poder de atracción se despliegue plenamente.

¿Alguna vez has escuchado sobre el efecto placebo? Es algo fascinante y por si no sabes al respecto, aquí te hablo sobre ello y la reflexión que nos deja esta práctica.

El efecto placebo es un fenómeno sorprendente que ocurre cuando un paciente experimenta una mejoría en sus síntomas o condición después de recibir un tratamiento que no tiene propiedades terapéuticas reales. En otras palabras, el placebo es una sustancia inerte o un procedimiento falso que, debido a las expectativas y creencias del paciente, produce un efecto positivo en su bienestar.

Este efecto se atribuye al poder de la mente y la influencia de las expectativas. Cuando una persona confía en que un tratamiento determinado será efectivo, su mente puede desencadenar una serie de respuestas fisiológicas y bioquímicas que contribuyen a una mejoría real. Esto puede incluir la liberación de endorfinas, la reducción del estrés y la activación de sistemas de auto reparación del cuerpo.

El efecto placebo ha sido objeto de numerosos estudios en la medicina y la psicología, y su existencia es ampliamente reconocida. Si bien no puede curar enfermedades graves por sí solo, puede tener un impacto significativo en el alivio de síntomas, especialmente en condiciones donde el factor psicológico desempeña un papel importante.

Es importante destacar que el efecto placebo no es engañoso ni fraudulento. Los placebos se utilizan en investigaciones clínicas y en situaciones donde no existe un tratamiento específico disponible. Además, este efecto resalta la importancia de la relación entre el médico y el paciente, así como la influencia de las creencias y expectativas en la respuesta del organismo.

Hace unos años, se llevó a cabo un fascinante experimento que exploraba el poder del efecto placebo en el tratamiento de ciertas enfermedades. En este estudio, un grupo de pacientes fue dividido en dos grupos: uno recibió un medicamento real y el otro grupo recibió una sustancia inerte, sin propiedades terapéuticas.

Lo sorprendente fue que ambos grupos informaron mejoras significativas en sus síntomas. Incluso aquellos que recibieron el placebo experimentaron alivio y una disminución en sus dolencias. Estos resultados desafiaron las expectativas convencionales y revelaron la capacidad del efecto placebo para influir en la salud y el bienestar de las personas.

Más allá de la sustancia física administrada, los investigadores descubrieron que la creencia y la confianza de los pacientes en el tratamiento desempeñaban un papel crucial en los resultados. La mente y las expectativas positivas parecían desencadenar respuestas fisiológicas y bioquímicas que llevaban a una mejora en los síntomas.

El experimento no solo puso de manifiesto la influencia del efecto placebo en el cuerpo, sino que también destacó la importancia de la relación médico-paciente y la calidad de la atención brindada. Los pacientes que experimentaron una mayor conexión con sus médicos y se sintieron más cuidados y apoyados, mostraron mayores mejoras en su condición.

Este estudio resaltó la capacidad inherente del ser humano para movilizar sus propios recursos de sanación y sugirió que nuestra mente y nuestras creencias pueden desencadenar respuestas positivas en el cuerpo. Si bien el efecto placebo no puede reemplazar los tratamientos médicos adecuados, nos recuerda el papel fundamental de la confianza, la fe y el poder de la mente en el proceso de curación.

Este experimento no solo tuvo un impacto en el ámbito médico, sino que también nos brinda una valiosa reflexión sobre el poder de nuestras creencias y expectativas en todos los aspectos de nuestra vida. Nos invita a considerar cómo nuestras convicciones y actitudes pueden influir en nuestra salud, nuestro bienestar y nuestro éxito en general.

Por eso anterior mente mencioné que, para controlar nuestro entorno, debemos desprendernos de creencias limitadas. Una cosa es ser una buena persona, alguien "nice", y otra cosa muy diferente es ser un ejemplo a seguir como persona. Son conceptos muy diferentes y debemos ser muy selectivos con las cosas que escuchamos y con las cosas que escuchamos y les prestamos atención.

Tú puedes rodearte cada fin de semana de "personas nice" que están contigo en la fiesta, celebrando, tomando unas cuantas cervezas y balando un poco, pero ¿realmente que están celebrando? Deberíamos celebrar los triunfos propios y los triunfos de nuestros seres queridos.

No estoy diciendo que si una persona cada fin de semana está de fiesta está haciendo algo mal, pero si analizas bien esa situación, no es algo tan bueno. Licor u otras sustancias en el cuerpo, falta de sueño, etc., son cosas que realmente nos distraen de nuestras metas.

Conozco muchos casos reales de personas que desde muy jóvenes comenzaron a perderse lentamente en el mundo de la fiesta. Los años fueron pasando y al final, se dieron cuenta de que habían desperdiciado muchos años en los que definitivamente pudieron haber hecho de su vida, una vida más sana y productiva.

Yo sé lo difícil que es comenzar a adoptar hábitos que al comienzo pueden ser algo "raros" tanto para nosotros, como también para las personas que nos rodean, y ni hablar de las críticas, las críticas siempre van a estar, pero ojo, antes de enojarte o tomarlo personal, verifica qué hay detrás de esa persona que te critica. Porque si es una mas del montón, de ese mismo montón que está lleno de personas que hablan mucho y no han hecho nada, debes ignorar por completo sus palabras, claro está, sin faltar al respeto o sin pasar por encima.

Siempre debemos permanecer humildes y serenos. <u>Mas necio es quien discute con el necio</u>. Otra de las frases que ha impactado positivamente mi vida.

Todo a su debido tiempo. Es verdad que debemos hacer que las cosas sucedan y para ello debemos tomar acción cuanto antes, fijándonos siempre en los aspectos positivos y negativos que pueden traer las decisiones que tomamos.

Ya sabes lo importante que es la consistencia para llevarnos al cumplimiento de nuestros objetivos. Perseverar, hacer las cosas de la mejor manera y con la mayor inteligencia posible.

La consistencia es la piedra angular que sustenta el camino hacia la consecución de resultados tangibles. Su importancia radica en la capacidad de mantener una constancia en nuestras acciones y esfuerzos a lo largo del tiempo. Cuando nos comprometemos a ser consistentes en nuestro enfoque y dedicación, estamos sentando las bases para el éxito.

En cualquier ámbito de la vida, ya sea en el ámbito personal, profesional o académico, la consistencia es clave. Es la herramienta que nos permite avanzar de manera constante hacia nuestros objetivos y metas. Al ser consistentes, establecemos una rutina y una disciplina que nos impulsa a mantener el rumbo, incluso cuando los obstáculos se presentan.

La consistencia nos ayuda a construir hábitos positivos y a mantenernos enfocados en las tareas que nos acercan a nuestros logros deseados. A través de la repetición constante de acciones y prácticas, nos volvemos más eficientes y efectivos en lo que hacemos. Cada pequeño paso que damos, cada esfuerzo que invertimos de forma constante contribuye a la construcción de un camino sólido hacia el éxito.

Además, la consistencia genera confianza y credibilidad. Cuando mostramos una actitud constante en nuestros compromisos y responsabilidades, ganamos el respeto de los demás y nos volvemos dignos de confianza. Esto no solo fortalece nuestras relaciones personales y profesionales, sino que también abre puertas y oportunidades para alcanzar resultados tangibles.

Por ello, **primero debemos pagarnos a nosotros mismos** y no hago referencia al dinero. Me refiero a cumplirnos a nosotros mismos, es decir, si nos proponemos algo, si nos damos nuestra palabra, debemos lograr lo estipulado. "Que difícil confiar en alguien que auto irrespeta a su propia palabra" menciona uno de mis mentores. Muchas veces exigimos que nos cumplan con algo cuando en realidad no nos estamos cumpliendo ni a nosotros mismos. Una vez más, estamos queriendo controlar lo externo, sin antes controlar lo interno.

Por otro lado, la falta de consistencia puede socavar nuestros esfuerzos y dificultar el logro de resultados concretos. Si no somos constantes en nuestra dedicación, si nos dejamos llevar por la procrastinación o la falta de compromiso, es probable que nos encontremos estancados en un ciclo de falta de logros. La inconsistencia diluye nuestro potencial y nos aleja de las recompensas que podríamos obtener. No podemos descuidar los tesoros del mañana por las migajas (distracciones) de hoy y para llegar a ello, debemos aprovechar al máximo el AHORA, el gran poder del presente.

Ese potencial lo tenemos todos los seres humanos pero muchas veces no nos creemos a nosotros mismos. Todo esfuerzo debe ir acompañado de inteligencia.

El esfuerzo y la inteligencia son dos componentes interdependientes y fundamentales cuando se busca alcanzar resultados tangibles en cualquier área de la vida. Ambos juegan roles complementarios que se potencian mutuamente, y su combinación adecuada puede conducir al éxito.

El esfuerzo es el motor impulsor que impulsa a las personas a tomar acción y a perseverar en la consecución de sus metas. Es la fuerza de voluntad y dedicación que se requiere para superar obstáculos y enfrentar desafíos. Sin un esfuerzo constante y comprometido, las metas y objetivos se quedan en meras aspiraciones sin convertirse en realidad.

Por otro lado, la inteligencia, en su sentido más amplio, se refiere a la capacidad de comprender, aprender, razonar y aplicar el conocimiento de manera efectiva. La inteligencia implica utilizar recursos y estrategias de manera óptima para resolver problemas y tomar decisiones acertadas. Es la capacidad de adaptarse y aprender de las experiencias para mejorar continuamente.

Cuando se trata de lograr resultados tangibles, el esfuerzo y la inteligencia trabajan en sinergia. El esfuerzo proporciona la determinación y la voluntad de trabajar duro, persistir ante los obstáculos y mantenerse enfocado en el objetivo final. Sin embargo, el esfuerzo solo no garantiza el éxito si no se acompaña de una inteligencia estratégica.

La inteligencia permite aprovechar el esfuerzo de manera más eficiente y efectiva. Implica la capacidad de tomar decisiones informadas, aprender de los errores, buscar soluciones creativas y aprovechar las oportunidades que se presentan. La inteligencia estratégica nos ayuda a utilizar nuestros recursos y habilidades de la mejor manera posible, maximizando así nuestras posibilidades de éxito.

En la búsqueda de resultados tangibles, es importante encontrar un equilibrio entre el esfuerzo y la inteligencia. Un enfoque excesivamente basado en el esfuerzo puede llevar al agotamiento y la falta de eficiencia. Por otro lado, depender únicamente de la inteligencia sin esfuerzo puede llevar a la complacencia y la falta de acción.

Cuando se combinan adecuadamente, el esfuerzo y la inteligencia se complementan y se potencian mutuamente. El esfuerzo constante y comprometido respaldado por una inteligencia estratégica nos permite superar los desafíos con confianza, adaptarnos a las circunstancias cambiantes y encontrar nuevas formas de abordar los problemas.

El esfuerzo y la inteligencia desempeñan papeles esenciales e interconectados en la consecución de resultados tangibles. El esfuerzo proporciona la determinación y la perseverancia necesarias para enfrentar los desafíos, mientras que la inteligencia estratégica nos ayuda a aprovechar de manera efectiva los recursos y a tomar decisiones informadas. Al combinar estos dos elementos de manera equilibrada, se aumentan las posibilidades de éxito y se maximiza el potencial de lograr resultados tangibles en cualquier campo de la vida.

Afirmaciones poderosas

Como ya lo he mencionado, después de ser impactado por los proyectiles y haber quedado gravemente herido, en mi cabeza solo había algo: ¡Quihubo, debes vivir!

Eso era lo que yo afirmaba una y otra vez y de una u otra manera, yo estaba dispuesto a lo que fuera para poder vivir. Toda mi energía estaba concentrada en ese objetivo.

Una vez más, te aclaro que debes tener una mente abierta y ver más allá de conceptos religiosos. Pues ahora estamos en conceptos de un mundo poco explorado, el mundo metafísico. La visión se da a aquellos que están dispuestos a ver más allá. La visión no se refiere únicamente a la capacidad física de ver, sino más bien a una percepción más profunda y amplia. Se trata de la habilidad de comprender, imaginar y anticipar posibilidades que van más allá de lo obvio. La visión implica trascender los límites convencionales y atreverse a explorar nuevos horizontes.

Aquellos que están dispuestos a ver más allá se distinguen por su apertura mental y su disposición a desafiar las normas establecidas. No se conforman con lo establecido y buscan constantemente oportunidades de crecimiento y mejora. Estas personas son visionarias, capaces de imaginar un futuro diferente y trabajar arduamente para hacerlo realidad.

Por supuesto que yo soy creyente, y respeto cualquier pensamiento religioso. Soy consciente de que soy un sobreviviente y un milagro y agradezco a mi Dios por ello.

Pero también debo aclarar que es muy probable que si yo no hubiese tenido las ganas de vivir y la voluntad que tengo, no hubiese visto la grandeza de Dios en ese momento.

Para mi Dios es amor, y ese amor se traduce en principalmente, la magia de creer en nosotros mismos, de amarnos, aceptarnos y ser nosotros mismos la persona que más nos motive.

Afirmaciones poderosas es uno de los secretos de las personas exitosas, las grandes personas, y no me refiero a su economía. Hay muchas personas adineradas que no tienen el suficiente tiempo para disfrutar de sus fortunas. Así que ya sabes a lo que me refiero con una persona realmente exitosa.

A continuación, te dejo algunos beneficios de las afirmaciones positivas en nuestra vida:

1. **Influencia en el estado mental**:

Las afirmaciones positivas tienen el poder de influir en nuestro estado mental y emocional. Al repetir afirmaciones positivas, estamos entrenando nuestra mente para enfocarse en lo positivo y cultivar una actitud optimista. Esto puede ayudarnos a superar pensamientos negativos, autocríticos o limitantes, y promover una mentalidad más saludable y equilibrada. Las afirmaciones positivas desempeñan un papel fundamental en la influencia de nuestro estado mental, y su importancia radica en su capacidad para moldear nuestras percepciones, actitudes y emociones. Al utilizar afirmaciones poderosas y positivas, estamos proporcionando a nuestra mente las herramientas necesarias para desarrollar una mentalidad optimista y constructiva.

Cuando repetimos afirmaciones positivas regularmente, estamos entrenando nuestra mente para enfocarse en lo bueno, lo valioso y lo positivo en nuestras vidas. Estas afirmaciones actúan como recordatorios constantes de nuestras fortalezas, logros y potencialidades, lo cual tiene un impacto significativo en cómo nos percibimos a nosotros mismos y al mundo que nos rodea.

Nuestro estado mental juega un papel crucial en cómo afrontamos los desafíos, las adversidades y los cambios en nuestra vida. Si estamos constantemente alimentando nuestra mente con afirmaciones negativas o autocríticas, es probable que nuestra perspectiva se vuelva pesimista y limitante. En cambio, al utilizar afirmaciones positivas, estamos nutriendo nuestra mente con pensamientos constructivos y esperanzadores, lo que nos ayuda a desarrollar una actitud más resiliente y positiva ante las circunstancias difíciles.

Las afirmaciones positivas también desempeñan un papel fundamental en la construcción de nuestra autoestima y confianza. Cuando repetimos afirmaciones que refuerzan nuestras habilidades, cualidades y logros, estamos fomentando un sentido saludable de autovaloración. Esto nos permite reconocer nuestro propio potencial y nos impulsa a buscar oportunidades de crecimiento y éxito. Al tener una autoestima fortalecida, somos más propensos a enfrentar los desafíos con determinación y a tomar decisiones más audaces y positivas en nuestras vidas.

Además, las afirmaciones positivas nos ayudan a desafiar y reemplazar creencias limitantes arraigadas en nuestro subconsciente. A menudo, llevamos con nosotros pensamientos negativos o autodestructivos que nos impiden alcanzar nuestro pleno potencial. Al repetir afirmaciones positivas, estamos reprogramando nuestra mente y cambiando esas creencias limitantes por pensamientos más positivos y constructivos. Esto nos abre a nuevas posibilidades, nos libera de la auto duda y nos motiva a perseguir nuestros sueños con mayor convicción.

2. Construcción de autoestima y confianza:

Las afirmaciones positivas nos permiten construir una mayor autoestima y confianza en nosotros mismos. Al repetir frases positivas acerca de nuestras habilidades, cualidades y potencialidades, estamos reprogramando nuestra mente para creer en nosotros mismos y en nuestras capacidades. Esto nos empodera y nos impulsa a enfrentar desafíos con una actitud más positiva y segura. Cuando utilizamos afirmaciones positivas de manera regular y constante, estamos cultivando una mentalidad que reconoce y valora nuestras cualidades, logros y potencialidades. Estas afirmaciones actúan como una voz interna que nos recuerda constantemente nuestras fortalezas y nos ayuda a reconocer nuestro propio valor. A través de estas palabras afirmativas, estamos reprogramando nuestra mente para creer en nosotros mismos y en nuestras capacidades.

La autoestima es la base de una vida plena y exitosa. Al nutrir nuestra mente con afirmaciones positivas, estamos construyendo un sólido cimiento de autoestima. Esto nos permite desarrollar una imagen positiva y realista de nosotros mismos, lo cual impacta directamente en cómo nos relacionamos con los demás y cómo enfrentamos los desafíos de la vida. Al tener una autoestima fortalecida, somos más capaces de tomar decisiones acertadas, establecer límites saludables y perseguir nuestros objetivos con confianza.

Además, las afirmaciones positivas nos ayudan a cultivar la confianza en nosotros mismos. Al repetir frases que destacan nuestras habilidades, talentos y éxitos, estamos fomentando una actitud de seguridad y certeza en nuestras capacidades. Esta confianza se refleja en nuestra forma de actuar y en cómo nos enfrentamos a los desafíos. Nos sentimos más empoderados y dispuestos a salir de nuestra zona de confort, asumiendo nuevos retos y aprovechando oportunidades que de otra manera podríamos haber evitado.

La confianza en uno mismo es un elemento clave para alcanzar el éxito en cualquier área de la vida. Cuando confiamos en nuestras habilidades y en nuestra capacidad para superar obstáculos, estamos más inclinados a perseguir metas ambiciosas y a tomar decisiones arriesgadas. La confianza nos impulsa a asumir responsabilidades, a enfrentar nuevos desafíos y a aprender de los fracasos, sabiendo que tenemos la fortaleza interna para superar cualquier dificultad.

3. Cambio de creencias limitantes:

Todos tenemos creencias limitantes arraigadas en nuestro subconsciente, que pueden estar frenando nuestro crecimiento y éxito personal. Las afirmaciones positivas nos ayudan a desafiar y cambiar esas creencias limitantes. Al repetir afirmaciones que contradicen nuestras creencias negativas, estamos abriendo la puerta a nuevas posibilidades y expandiendo nuestra perspectiva. Las afirmaciones positivas desempeñan un papel crucial en el cambio de creencias limitantes, y su importancia radica en su capacidad para desafiar y reemplazar patrones de pensamiento negativos arraigados en nuestro subconsciente.

Todos llevamos con nosotros creencias limitantes, pensamientos autocríticos o negativos que nos impiden alcanzar nuestro pleno potencial. Estas creencias pueden surgir de experiencias pasadas, comentarios negativos de otras personas o simplemente de la falta de confianza en nosotros mismos. Sin embargo, al utilizar afirmaciones positivas, estamos desafiando y modificando estas creencias limitantes, abriendo la puerta a nuevas posibilidades y oportunidades de crecimiento.

Cuando repetimos afirmaciones positivas, estamos reprogramando nuestra mente y reemplazando gradualmente esas creencias limitantes por pensamientos más constructivos y esperanzadores. Estas afirmaciones actúan como una voz interna que contradice las ideas negativas arraigadas en nuestra mente, generando un cambio gradual pero poderoso en nuestra perspectiva.

Las afirmaciones positivas nos permiten cuestionar y desafiar las creencias autodestructivas que nos impiden alcanzar nuestras metas y sueños. Al repetir frases que refuerzan nuestra valía, nuestras habilidades y nuestras posibilidades de éxito, estamos abriendo la puerta a nuevas narrativas internas que nos empoderan y nos impulsan a tomar medidas positivas.

Las afirmaciones positivas nos ayudan a ampliar nuestra perspectiva y a adoptar una mentalidad más abierta y optimista. A menudo, las creencias limitantes nos llevan a ver el mundo de manera restringida, enfocándonos en obstáculos y limitaciones en lugar de oportunidades. Sin embargo, al utilizar afirmaciones positivas, estamos entrenando nuestra mente para buscar soluciones y enfoques constructivos frente a los desafíos. Esto nos permite superar barreras autoimpuestas y explorar nuevas posibilidades que antes no habíamos considerado.

4. Ley de la atracción:

Según la ley de la atracción, nuestros pensamientos y emociones determinan las experiencias que atraemos a nuestras vidas. Al enfocarnos en afirmaciones positivas, estamos enviando un mensaje claro al universo sobre lo que queremos y merecemos. Esto puede ayudarnos a atraer situaciones, oportunidades y personas que estén alineadas con nuestros deseos y metas. Cuando utilizamos afirmaciones positivas, estamos enviando un mensaje claro al universo sobre nuestros deseos y metas. Estas afirmaciones nos permiten visualizar y expresar en palabras lo que queremos manifestar en nuestra realidad. Al hacerlo, estamos poniendo nuestra atención y enfoque en lo que deseamos atraer, en lugar de enfocarnos en lo que no queremos o en lo negativo.

Además, las afirmaciones positivas nos ayudan a cultivar una mentalidad de abundancia y gratitud. Al repetir afirmaciones que resaltan lo positivo en nuestras vidas, estamos entrenando nuestra mente para enfocarse en las bendiciones, los logros y las oportunidades que ya tenemos. Esto genera una vibración energética positiva que atrae más experiencias y circunstancias similares.

Las afirmaciones positivas también juegan un papel importante en la generación de emociones positivas. Al repetir afirmaciones que evocan sentimientos de alegría, gratitud y confianza, estamos elevando nuestra vibración emocional. La ley de la atracción sostiene que nuestras emociones actúan como un imán para atraer experiencias y personas que están alineadas con esas emociones. Por lo tanto, al cultivar emociones positivas a través de las afirmaciones, estamos estableciendo una base energética propicia para atraer nuestras metas y deseos.

Es importante tener en cuenta que las afirmaciones positivas por sí solas no garantizan el éxito, ya que también se requiere acción y esfuerzo para manifestar nuestras metas. Sin embargo, actúan como una poderosa herramienta complementaria al proporcionarnos una mentalidad y una energía positiva que nos impulsa hacia la dirección correcta.

5. **Motivación y enfoque:**

Las afirmaciones positivas actúan como un recordatorio constante de nuestras metas y aspiraciones. Nos ayudan a mantenernos motivados y enfocados en lo que realmente queremos lograr. Al repetir afirmaciones relacionadas con nuestros objetivos, estamos programando nuestra mente para mantener la atención y la determinación necesarias para alcanzarlos. Las afirmaciones positivas nos ayudan a mantenernos enfocados en nuestras metas y objetivos. Al repetir frases que refuerzan nuestras intenciones y visualizan nuestros logros, estamos sintonizando nuestra mente con lo que deseamos lograr. Esto nos ayuda a mantenernos centrados en el camino hacia nuestras metas, evitando distracciones y superando obstáculos.

Además, las afirmaciones positivas nos ayudan a superar los momentos de duda y desánimo. Todos enfrentamos desafíos en nuestro camino hacia el éxito, y en esos momentos es cuando la motivación y el enfoque personal son más importantes. Las afirmaciones positivas actúan como un recordatorio de nuestra determinación y fortaleza interior, generando un impulso adicional para superar las dificultades y continuar avanzando.

Al afirmar positivamente, también estamos creando una mentalidad de posibilidades y oportunidades. Esto nos permite ver los obstáculos como desafíos superables y nos ayuda a encontrar soluciones creativas a los problemas que puedan surgir en nuestro camino. Al enfocarnos en lo positivo, mantenemos una actitud proactiva y resiliente, lo que nos impulsa a buscar y aprovechar las oportunidades que se presentan.

Teniendo ahora mu claro los beneficios de las afirmaciones positivas en tu vida, vamos a comenzar con una afirmación sumamente poderosa que debes realizar al despertar cada mañana después de agradecer.

"*Hoy es un increíble día*"

Cada mañana, al despertar, hacer la afirmación "Hoy es un increíble día" puede tener un impacto significativo en nuestra mentalidad y en cómo enfrentamos las oportunidades y desafíos que se presentan a lo largo del día.

Esta afirmación nos invita a comenzar el día con una actitud positiva y optimista. Al afirmar que el día es increíble, estamos estableciendo una intención de disfrutar y aprovechar al máximo cada momento que se nos presenta. Nos recordamos a nosotros mismos que cada día trae consigo nuevas posibilidades, experiencias y aprendizajes.

Al iniciar el día con esta afirmación, estamos estableciendo un tono positivo y fortaleciendo nuestra resiliencia frente a los obstáculos que puedan surgir. Nos preparamos mentalmente para enfrentar cualquier desafío con una actitud de confianza y determinación, sabiendo que tenemos la capacidad de encontrar soluciones y aprender de cada experiencia.

Además, esta afirmación nos ayuda a desarrollar una mentalidad de gratitud y aprecio por la vida. Al reconocer que el día es increíble, estamos cultivando una actitud de agradecimiento por las pequeñas cosas que a menudo pasamos por alto. Nos permite valorar las bendiciones que nos rodean y encontrar belleza en los momentos más simples.

La afirmación "Hoy es un increíble día" también nos ayuda a ser conscientes de nuestra propia capacidad para influir en nuestro estado de ánimo y en cómo experimentamos cada día. Al afirmar que el día es increíble, estamos asumiendo la responsabilidad de nuestra propia felicidad y bienestar. Nos recordamos a nosotros mismos que nuestra perspectiva y actitud son poderosas herramientas para moldear nuestra realidad.

Además, esta afirmación nos invita a vivir el presente de manera plena. Al afirmar que el día es increíble, nos alejamos de preocupaciones pasadas o futuras y nos concentramos en el aquí y ahora. Nos ayuda a saborear cada momento, a ser conscientes de nuestras interacciones y a encontrar alegría en las pequeñas cosas que suceden a nuestro alrededor.

"Hoy me siento excelente"

Al hacer esta afirmación, estamos programando nuestra mente para enfocarse en lo positivo y en nuestras fortalezas. Nos recordamos a nosotros mismos que tenemos el poder de influir en nuestro estado emocional y que podemos elegir cultivar una actitud positiva. Esto nos brinda una sensación de empoderamiento y nos ayuda a superar los desafíos con una mentalidad resiliente.

Además, esta afirmación nos permite sintonizar con nuestro bienestar físico y emocional. Al reconocer que nos sentimos excelentes, nos volvemos más conscientes de nuestras sensaciones corporales y emociones. Esto nos ayuda a estar en sintonía con nuestras necesidades y a tomar medidas para cuidar de nosotros mismos en todos los aspectos.

La afirmación "Hoy me siento excelente" también influye en nuestras interacciones con los demás. Cuando nos sentimos bien, irradiamos una energía positiva que impacta en nuestro entorno. Nuestra actitud y estado de ánimo positivos pueden contagiar a las personas que nos rodean, creando un ambiente más alegre y propicio para la colaboración y las conexiones significativas.

Esta afirmación nos invita a adoptar una perspectiva de gratitud y aprecio por el día que se nos presenta. Al afirmar que nos sentimos excelentes, estamos reconociendo las bendiciones y los momentos de alegría que surgen en nuestra vida cotidiana. Esto nos ayuda a cultivar una mentalidad de gratitud y a encontrar belleza en las pequeñas cosas, lo cual contribuye a nuestro bienestar general.

"Yo soy merecedor de salud y abundancia"

Esta poderosa afirmación nos invita a reconocer y reclamar nuestra propia valía y abundancia. Al afirmar que somos merecedores de salud y abundancia, estamos estableciendo una intención de creer en nuestro propio valor y abrirnos a las bendiciones que la vida tiene para ofrecer.

Recuerda que donde pones tu atención, pones tu energía. A todo lo que le das tu atención, crece.

Al hacer esta afirmación, estamos nutriendo una mentalidad de autocompasión y auto empoderamiento. Nos recordamos a nosotros mismos que merecemos lo mejor en términos de salud física, emocional y espiritual. Nos damos permiso para cuidar de nosotros mismos y tomar decisiones que fomenten nuestro bienestar en todos los aspectos de nuestra vida.

Esta afirmación también nos ayuda a superar cualquier creencia limitante que podamos tener sobre merecimiento y abundancia. A menudo, podemos llevar cargas emocionales y pensamientos negativos que nos impiden experimentar plenamente la salud y la prosperidad. Al afirmar que somos merecedores de salud y abundancia, desafiamos esas creencias limitantes y nos abrimos a nuevas posibilidades y oportunidades.

Además, esta afirmación nos ayuda a establecer una conexión más profunda con la gratitud y el aprecio por la vida. Al reconocer que somos merecedores de salud y abundancia, cultivamos una actitud de gratitud por las bendiciones presentes en nuestra vida actual. Esto nos permite enfocarnos en las cosas positivas y enriquecedoras que ya tenemos, creando una mentalidad de abundancia y satisfacción.

La afirmación "Yo soy merecedor de salud y abundancia" también influye en nuestras acciones y decisiones diarias. Cuando creemos en nuestro merecimiento, nos volvemos más propensos a cuidar de nuestra salud de manera activa y consciente. Nos sentimos motivados para adoptar hábitos saludables y tomar medidas que nos lleven hacia la prosperidad en todas las áreas de nuestra vida.

"Cosas maravillosas están sucediendo en mi vida"

Cada día, al hacer la afirmación "Cosas maravillosas están sucediendo en mi vida", estamos invitando a nuestro ser interior a enfocarse en las oportunidades y bendiciones que nos rodean. Esta afirmación nos ayuda a desarrollar una mentalidad de gratitud, positividad y apertura hacia todas las posibilidades que la vida nos ofrece.

Al proclamar esta afirmación, estamos sembrando semillas de expectativas positivas en nuestra mente y corazón. Estamos programando nuestra conciencia para reconocer y valorar las cosas buenas que están ocurriendo a nuestro alrededor, incluso en medio de los desafíos y dificultades que podamos enfrentar. Al hacerlo, nos permitimos experimentar una sensación de alegría, esperanza y optimismo en nuestra vida diaria.

Esta afirmación nos ayuda a sintonizar con el flujo positivo de la vida. Al declarar que cosas maravillosas están sucediendo, estamos sintonizando nuestra vibración con la energía positiva del universo. Estamos atrayendo hacia nosotros más situaciones y eventos que nos brindan felicidad, satisfacción y éxito.

El hecho de hacer esta afirmación nos permite reconocer y celebrar los pequeños detalles y momentos de dicha en nuestra vida. Al estar conscientes de las cosas maravillosas que suceden a nuestro alrededor, nos conectamos con la belleza de los momentos simples: una sonrisa amable, una conversación inspiradora, una puesta de sol impresionante o un logro personal. Al apreciar estos regalos cotidianos, cultivamos una sensación de gratitud y gozo en nuestro ser.

Esta afirmación también nos ayuda a desarrollar una mentalidad de abundancia. Al reconocer que cosas maravillosas están sucediendo, nos liberamos de la mentalidad de escasez y limitación. Nos abrimos a la posibilidad de recibir y experimentar más abundancia en todas las áreas de nuestra vida, ya sea en el amor, la salud, las relaciones, la carrera o la realización personal. Al nutrir esta mentalidad de abundancia, nos volvemos más receptivos y alineados con las oportunidades que el universo nos presenta.

Además, la afirmación "Cosas maravillosas están sucediendo en mi vida" también nos invita a ser agentes activos en la creación de nuestras propias experiencias positivas. Al tomar conciencia de que somos co-creadores de nuestra realidad, asumimos la responsabilidad de tomar acciones que nos lleven hacia los resultados que deseamos. Nos convertimos en protagonistas de nuestra propia historia y nos empoderamos para manifestar cambios positivos en nuestras vidas.

El poder del amor propio y la resiliencia

Debemos tener algo muy claro y es que en todo el mundo hay personas que arrastran heridas internas que nadie ve. Las batallas internas no son fáciles de llevar y lograr superarlas requiere de mucha fortaleza mental, voluntad, resiliencia y mucho pero mucho amor propio. Todos en algún momento de nuestra vida hemos sacado una sonrisa para alguien, pero en realidad estamos destrozados internamente y en llanto profundo.

En mi experiencia, las batallas internas son desafíos que todos enfrentamos en algún momento de nuestras vidas. Son esos conflictos y luchas internas que nos impiden avanzar, que nos llenan de dudas y miedos, y que nos hacen cuestionar nuestra valía y capacidad. Sin embargo, también creo firmemente en la capacidad de superar estas batallas y cultivar fortaleza mental, voluntad, resiliencia y amor propio.

Cuando nos encontramos inmersos en una batalla interna, es crucial desarrollar una mentalidad fuerte y positiva. Esto implica tomar conciencia de nuestros pensamientos y creencias limitantes, desafiarlos y reemplazarlos por pensamientos más empoderadores. Es un proceso de autodescubrimiento y autotrascendencia, donde nos esforzamos por comprender nuestras emociones y pensamientos, y trabajar en cambiar aquellos que nos limitan.

La voluntad desempeña un papel fundamental en la superación de las batallas internas. Es el impulso interno que nos permite tomar decisiones conscientes y actuar en consonancia con nuestros valores y metas. La voluntad nos ayuda a perseverar incluso cuando enfrentamos obstáculos y adversidades. Es el motor que nos impulsa a seguir adelante, a pesar de las dudas y los miedos que puedan surgir en nuestro camino.

La resiliencia es otra cualidad vital para superar las batallas internas. Es la capacidad de recuperarse de las dificultades y adaptarse a los cambios. La resiliencia nos permite enfrentar los desafíos con valentía y aprender de ellos, transformando nuestras experiencias en oportunidades de crecimiento. A través de la resiliencia, nos convertimos en personas más fuertes y capaces de enfrentar las adversidades con confianza y determinación.

El amor propio es el cimiento sobre el cual se construye la fortaleza interna. Es el amor incondicional que nos tenemos a nosotros mismos, reconociendo nuestra propia valía y aceptándonos tal como somos. Cultivar el amor propio implica cuidar de nosotros mismos, establecer límites saludables y tratarnos con compasión y bondad. Al amarnos a nosotros mismos, nos volvemos más capaces de superar las batallas internas, ya que nos recordamos constantemente que merecemos ser felices y vivir una vida plena.

Para mí, el amor propio y la resiliencia son dos pilares fundamentales que han tenido un impacto profundo en mi vida. Después de enfrentar la tragedia y estar al borde de la muerte, descubrí la importancia de amarme a mí mismo incondicionalmente. Aprendí que, antes de poder impactar positivamente a los demás, debía cultivar un amor profundo y genuino hacia mi propio ser.

El amor propio me ha permitido aceptarme tal como soy, con todas mis fortalezas y debilidades. Me ha dado la valentía de enfrentar los desafíos con determinación y perseverancia. A través del amor propio, he aprendido a reconocer mi propio valor y a creer en mis capacidades. Cada día, me levanto con la convicción de que merezco una vida plena y abundante.

La resiliencia, por otro lado, ha sido mi aliada en los momentos más difíciles. Me ha enseñado a encontrar fuerza en la adversidad y a convertir los desafíos en oportunidades de crecimiento. A pesar de los golpes que la vida me ha dado, he aprendido a levantarme una y otra vez, sin permitir que las circunstancias me definan. La resiliencia me ha dado la capacidad de adaptarme, de buscar soluciones y de seguir adelante con determinación y esperanza.

El amor propio y la resiliencia se entrelazan en mi vida de manera poderosa. El amor propio me impulsa a cuidar de mí mismo, a establecer límites saludables y a tomar decisiones que me beneficien. La resiliencia me ayuda a superar los obstáculos, a aprender de los fracasos y a seguir avanzando hacia mis metas.

El amor propio juega un papel crucial en la resiliencia y la capacidad de superar las batallas internas. El amor propio nos brinda el sustento emocional necesario para enfrentar los desafíos de la vida con fuerza y determinación.

Cuando nos amamos a nosotros mismos, nos otorgamos el valor y la importancia que merecemos. Reconocemos que somos seres dignos de amor, respeto y cuidado. Este sentimiento de autoaceptación o autovalía nos proporciona una base sólida desde la cual podemos construir nuestra resiliencia.

El amor propio nos permite aceptar nuestras vulnerabilidades y errores sin juzgarnos ni castigarnos. Nos permite abrazar nuestra humanidad y comprender que las dificultades y los desafíos son parte integral de nuestro crecimiento y desarrollo personal. Al amarnos a nosotros mismos, nos volvemos más compasivos y comprensivos con nuestras propias limitaciones, lo cual es esencial para cultivar la resiliencia.

Cuando nos enfrentamos a situaciones difíciles, el amor propio nos brinda la confianza necesaria para lidiar con ellas. Nos recordamos a nosotros mismos que merecemos cuidarnos y protegernos, y que somos capaces de enfrentar cualquier obstáculo que se presente en nuestro camino. Este sentimiento de merecimiento y autoafirmación nos impulsa a buscar soluciones, a buscar el apoyo necesario y a perseverar incluso cuando las circunstancias sean adversas.

El amor propio también nos ayuda a mantener una perspectiva positiva en medio de las dificultades. Nos permite ver más allá de nuestras luchas y recordar que somos seres completos y valiosos, más allá de nuestras circunstancias actuales. Este sentido de plenitud y autocompasión nos permite encontrar la fuerza interna necesaria para superar los desafíos y encontrar el significado y la trascendencia en nuestras experiencias.

Por otra parte, la resiliencia desempeña un papel fundamental en la construcción y fortalecimiento del amor propio. La resiliencia es la capacidad de adaptarse y recuperarse de las adversidades, y cuando aplicamos esta capacidad en el ámbito del amor propio, podemos experimentar un crecimiento profundo y significativo.

Cuando atravesamos situaciones difíciles y desafiantes en la vida, es natural que nuestra confianza y amor propio se vean afectados. Podemos experimentar dudas sobre nuestro valor, nuestras habilidades y nuestra capacidad para superar los obstáculos. Sin embargo, la resiliencia nos permite enfrentar estas situaciones con coraje y determinación.

La resiliencia nos ayuda a ver las dificultades como oportunidades de crecimiento. En lugar de dejarnos derrotar por las circunstancias, nos impulsa a buscar soluciones, a aprender lecciones valiosas y a fortalecer nuestra autoestima. A través de la resiliencia, descubrimos que somos capaces de superar los desafíos y que nuestra valía no se ve disminuida por las adversidades.

Además, la resiliencia nos ayuda a desarrollar una mentalidad positiva y de autotrascendencia. Aprendemos a enfrentar los pensamientos negativos y autocríticos, y a reemplazarlos por pensamientos más compasivos y empoderadores. La resiliencia nos permite aceptar nuestras imperfecciones y errores, reconociendo que son parte del proceso de crecimiento y que no nos definen como personas.

Cuando cultivamos la resiliencia, nos convertimos en nuestros propios defensores y cuidadores. Aprendemos a cuidar de nuestra salud mental y emocional, estableciendo límites saludables y priorizando nuestro bienestar. Nos volvemos más compasivos y amables con nosotros mismos, tratándonos con el mismo amor y comprensión que brindaríamos a un ser querido.

La resiliencia también nos ayuda a enfrentar los desafíos futuros con mayor fortaleza. Al haber superado situaciones difíciles en el pasado, desarrollamos la confianza en nuestra capacidad para enfrentar cualquier obstáculo que se presente en nuestro camino. Esta confianza fortalece nuestro amor propio, ya que nos damos cuenta de que somos capaces de cuidarnos y protegernos, sin importar las circunstancias que enfrentemos.

En definitiva, el amor propio y la resiliencia son herramientas esenciales para enfrentar los desafíos de la vida. Cuando nos amamos a nosotros mismos y desarrollamos la capacidad de adaptarnos y superar las adversidades, nos convertimos en personas fuertes, capaces de influir positivamente en nuestro entorno y en la vida de los demás. Estas cualidades nos permiten ser ejemplos de fortaleza, superación y amor, inspirando a otros a encontrar su propia fuerza interior y a enfrentar sus propios desafíos con valentía y determinación.

Cuando reflexiono sobre mi propia experiencia y cómo el amor propio y la resiliencia han influido en la construcción de mi mindset positivo y ganador, no puedo evitar recordar aquel suceso trágico que cambió mi vida para siempre. Presenciar la pérdida de un ser querido y enfrentar mis propias batallas internas me llevó a un punto de quiebre, pero también me mostró el poder transformador de estos dos elementos.

En medio de la oscuridad y el dolor, descubrí que el amor propio era la luz que necesitaba para seguir adelante. Me di cuenta de que, a pesar de las heridas emocionales y las cicatrices internas, merecía amor, cuidado y respeto. Comencé a tratarme con compasión y gentileza, reconociendo que mis luchas y fallas no definían mi valor como persona. Aprendí a perdonarme a mí mismo por las imperfecciones y a celebrar mis fortalezas y logros, por pequeños que fueran. El amor propio se convirtió en el cimiento sobre el cual construí mi nueva perspectiva de vida.

La resiliencia también se convirtió en mi compañera constante en este viaje de autodescubrimiento y transformación. Aprendí a enfrentar los desafíos con valentía y determinación, comprendiendo que cada obstáculo era una oportunidad de crecimiento. Enfrenté mis miedos y dudas, desafié mis creencias limitantes y encontré la fuerza interna para seguir adelante, incluso cuando parecía que el mundo se desmoronaba a mi alrededor. La resiliencia me enseñó que no hay fracasos definitivos, sino lecciones y oportunidades para reinventarme y avanzar.

A medida que cultivaba el amor propio y fortalecía mi resiliencia, mi mindset se transformó por completo. Desarrollé una mentalidad positiva y ganadora que me permitió ver los desafíos como oportunidades y encontrar soluciones creativas en medio de la adversidad. En lugar de quedarme estancado en la autocompasión y el victimismo, adopté una mentalidad de empoderamiento y acción.

Comencé a creer en mis propias capacidades y a confiar en que podía superar cualquier obstáculo que se presentara en mi camino.

Esta mentalidad positiva y ganadora se ha convertido en una fuerza motriz en mi vida. Me ha ayudado a establecer metas ambiciosas y a trabajar con determinación para alcanzarlas. Una de estas metas es impactar positivamente a miles de personas con mi historia.

Me ha permitido enfrentar los desafíos con una actitud de resolución en lugar de derrota, buscando siempre oportunidades de crecimiento y aprendizaje. Y lo más importante, ha influido positivamente en mis relaciones con los demás, inspirándolos a encontrar su propia fortaleza y creer en su capacidad para superar las adversidades.

Mi intención de crear un legado duradero con mi historia va más allá de las batallas internas que he enfrentado. Es una profunda aspiración de trascender y dejar una huella significativa en el mundo. Quiero convertir mis experiencias en lecciones valiosas que inspiren a otros y les den esperanza en tiempos difíciles.

Sé que todos atravesamos momentos oscuros y luchas internas que pueden hacernos sentir solos y desesperanzados. Sin embargo, creo en el poder de la superación personal y en la capacidad de convertir esas batallas en una fuerza motriz para el cambio. Quiero utilizar mi historia como una plataforma para transmitir el mensaje de que no importa cuán difícil sea el camino, siempre hay una luz al final del túnel y por eso la importancia de los obstáculos en el camino, pues nos demuestran que, al otro lado de ellos, hay algo más.

Al compartir mi propia lucha y cómo logré superarla, espero inspirar a otros a encontrar su propia fortaleza y resiliencia interior. Quiero mostrarles que no están solos en sus luchas y que, a pesar de los obstáculos, es posible encontrar el camino hacia la sanación y el crecimiento. Deseo ser un faro de esperanza para aquellos que se sienten perdidos y necesitan orientación para encontrar su propia voz y su propio propósito.

La creación de un legado duradero implica dejar una impronta positiva en la vida de las personas que me rodean y de aquellas a quienes pueda alcanzar a través de mi historia. Deseo ser recordado no solo por mis logros, sino por el impacto que he tenido en la vida de los demás. Quiero dejar un legado de inspiración, fortaleza y perseverancia.

Para lograr esto, estoy dispuesto a compartir abiertamente mis experiencias, tanto las difíciles como las triunfantes. Quiero ser transparente y auténtico en mi relato, permitiendo que otros se sientan identificados y encuentren consuelo en saber que no están solos en sus luchas. Además, quiero ofrecerles herramientas y estrategias que los ayuden a cultivar su propia fortaleza mental, voluntad y resiliencia.

Sé que construir un legado duradero requerirá tiempo y esfuerzo, pero estoy comprometido con este propósito. No se trata solo de mí, sino de cómo mi historia puede impactar positivamente en la vida de otros, inspirándolos a enfrentar sus propias batallas internas y a encontrar el coraje para superarlas.

En última instancia, mi intención de crear un legado duradero con mi historia se basa en el deseo de marcar una diferencia en el mundo y dejar un legado significativo. Quiero que mi vida y mis experiencias sean una fuente de inspiración y empoderamiento para las generaciones futuras. Deseo que mi historia sea recordada como un testimonio de la capacidad humana para superar la adversidad y encontrar el verdadero propósito y la felicidad en la vida.

A través del amor propio, la voluntad y la resiliencia, estoy determinado a construir ese legado duradero y a dejar una marca positiva en el mundo. Creo firmemente en el poder transformador de nuestras historias y en la capacidad de influir en la vida de otros. Y en ese propósito, encuentro significado y un sentido de realización profunda en mi propia existencia.

Reflexiones finales

En mi historia, descubrí que la vida puede cambiar de forma inesperada y transformar nuestra existencia por completo. A simple vista, llevaba una vida normal, como cualquier joven de mi edad. Pero un trágico acto de violencia sacudió mi mundo y dejó una profunda herida en mi corazón al presenciar la muerte de mi amado padre. Este suceso desgarrador me llevó al borde de la muerte, luchando por mi propia supervivencia en el hospital.

Durante esos momentos críticos, experimenté sensaciones extraordinarias. Mientras mi cuerpo parecía desvanecerse y el tiempo se detenía a mi alrededor, un ardor interno incesante me envolvía, y la certeza de que mi vida se apagaba me invadía por completo. Aunque podría haberme sumido en el desaliento, estas experiencias cercanas a la muerte se convirtieron en un punto de inflexión para mí.

Emergí de esas vivencias como una persona completamente diferente, con una determinación renovada para impactar positivamente a aquellos que me rodean. Un deseo ardiente de ayudar y generar resultados positivos se convirtió en la fuerza impulsora de mi cambio. Comprendí que cada momento es valioso y que el propósito de mi vida trasciende las circunstancias adversas que he enfrentado.

En cada capítulo de este libro, te invito a acompañarme en mi viaje de autodescubrimiento y superación. El primero de ellos es "Enfrentando el cambio", donde aprenderás la importancia de adaptarnos a las situaciones que la vida nos presenta y encontrar la fortaleza para seguir adelante.

Mi "Viaje Espiritual" fue un proceso profundo de conexión con mi ser interior y exploración de un propósito más profundo. Descubrí que en la espiritualidad encontramos respuestas y guía para navegar por los desafíos de la vida.

La "Transformación Personal" que experimenté fue un proceso constante de crecimiento y evolución. Enfrenté mis miedos, desafíos y limitaciones, descubriendo una fuerza interna que desconocía. Aprendí a abrazar mis valores y metas, convirtiéndome en una versión mejorada de mí mismo.

Impulsado por mi experiencia, comprendí el poder que tenemos para "Impactar Positivamente a los Demás". Descubrí que cada pequeño gesto de bondad y apoyo puede marcar una gran diferencia en la vida de alguien más. Mi objetivo se convirtió en ser un agente de cambio y brindar inspiración y motivación a aquellos que enfrentan momentos difíciles.

Las "Afirmaciones Poderosas" se convirtieron en una herramienta esencial en mi viaje. Aprendí a reprogramar mi mente y reemplazar los pensamientos negativos por afirmaciones positivas que fortalecieran mi amor propio y mi confianza. Estas afirmaciones se convirtieron en mi guía diaria, recordándome mi valía y potencial en los momentos de duda.

"El poder del amor propio y la resiliencia" pues han sido fundamentales en mi camino de superación. Aprendí a amarme incondicionalmente y a aceptar cada aspecto de mi ser, reconociendo que soy digno de amor y de construir una vida plena. La resiliencia me permitió levantarme una y otra vez, convertir los obstáculos en oportunidades y encontrar la fuerza para seguir adelante a pesar de las dificultades.

Este libro es un recordatorio de que la vida puede cambiar en un instante, pero también de que tenemos el poder de enfrentar esos cambios y convertirlos en oportunidades de crecimiento.

Agradecimientos

Queridos amigos y seres queridos,

Al sumergirse en las páginas de este libro, quiero tomarme un momento para expresar mi profundo agradecimiento a todas las personas que han estado a mi lado, las que están presentes en mi vida en este momento y las que estarán en el futuro. Su compañía y apoyo han sido fundamentales en mi viaje de autodescubrimiento, superación y resiliencia.

En primer lugar, deseo expresar mi más sincero agradecimiento a Dios, porque sin él en mi corazón, mi vida no tendría sentido. Quiero agradecer a mi amado padre, cuya memoria y espíritu continúan siendo una fuente inagotable de inspiración. Tu partida repentina dejó una huella profunda en mi corazón y se convirtió en el punto de inflexión que transformó mi ser por completo. Aunque ya no estés físicamente a mi lado, el amor y la sabiduría que compartiste conmigo perdurarán eternamente en mi ser.

A los familiares que han estado durante estos años y me han brindado un apoyo incondicional, les agradezco de corazón por su amor inquebrantable y su constante respaldo. Su presencia durante los momentos más oscuros me ha dado la fuerza necesaria para seguir adelante y encontrar mi propósito. Su fe en mí ha sido un faro que ha iluminado mi camino, guiándome hacia la persona que aspiro ser.

A mis amigos cercanos, quienes han compartido risas y lágrimas conmigo, quiero expresar mi gratitud por su lealtad y compañerismo. Su amistad ha llenado mi vida de alegría y su apoyo incondicional me ha impulsado en los momentos más desafiantes. Saber que puedo contar con cada uno de ustedes en cada paso del camino es un regalo invaluable.

A aquellos que han brindado su ayuda y orientación, a mis mentores y maestros que han compartido su conocimiento conmigo, a las personas con resultados que me han brindado valiosos consejos, les estoy eternamente agradecido. Su sabiduría y generosidad me han permitido crecer y evolucionar, allanando el camino hacia el éxito y la realización personal.

No puedo olvidar mencionar a los lectores y seguidores que han mostrado interés en mi historia. Su apoyo y entusiasmo me han impulsado a seguir escribiendo, compartiendo mis experiencias y aprendizajes. Su presencia me ha dado el coraje necesario para revelar mis vulnerabilidades y aspiraciones, y sinceramente espero que este libro sea un punto de encuentro que inspire sus propias transformaciones.

En última instancia, quiero agradecer a cada persona que ha cruzado mi camino, ya sea por un breve instante o por un largo período de tiempo. Su presencia, palabras y acciones han dejado una huella imborrable en mi historia. Su influencia ha sido la chispa que ha encendido el fuego de mi propósito y el motor que me impulsa a marcar la diferencia en la vida de los demás.

Con gratitud en mi corazón, los invito a que cada uno aporte su grano de arena a la mejora constante de este mundo. Que esta historia sea un recordatorio de que, incluso en los momentos más oscuros, el amor, la resiliencia y la determinación pueden conducirnos hacia resultados tangibles y la capacidad de impactar positivamente en la vida de los demás.

Con cariño,

Harry

Made in the USA
Columbia, SC
04 July 2023